漫谈幼儿家庭教育

朱家雄 —— 著

华东师范大学出版社
·上海·

图书在版编目（CIP）数据

漫谈幼儿家庭教育 / 朱家雄著. —上海：华东师
范大学出版社，2023
ISBN 978 - 7 - 5760 - 3889 - 7

Ⅰ.①漫… Ⅱ.①朱… Ⅲ.①学前儿童－家庭教育
Ⅳ.①G781

中国国家版本馆 CIP 数据核字（2023）第 114003 号

漫谈幼儿家庭教育

著　　者　朱家雄
责任编辑　余思洋
责任校对　张　筝　时东明
装帧设计　俞　越

出版发行　华东师范大学出版社
社　　址　上海市中山北路 3663 号　邮编 200062
网　　址　www.ecnupress.com.cn
电　　话　021 - 60821666　行政传真 021 - 62572105
客服电话　021 - 62865537　门市(邮购)电话 021 - 62869887
地　　址　上海市中山北路 3663 号华东师范大学校内先锋路口
网　　店　http://hdsdcbs.tmall.com

印　刷　者　上海景条印刷有限公司
开　　本　787 毫米×1092 毫米　1/16
印　　张　20
字　　数　302 千字
版　　次　2023 年 8 月第 1 版
印　　次　2023 年 8 月第 1 次
书　　号　ISBN 978 - 7 - 5760 - 3889 - 7
定　　价　60.00 元

出 版 人　王　焰

自　序

　　早在 1987 年，中国林业出版社出版了我主编的《幼儿家庭教育大全》；1994 年，福建少年儿童出版社也出版了我主编的《21 世纪幼儿家庭教育指南》。而今，这么多年过去了，作为一直从事幼儿教育理论和实践研究的人，我对于幼儿家庭教育自然会有许多新的感悟和思考，这是岁月的磨砺，是经验的积累，也是反省的自明。将这些内容奉献给新时代我国的家长们，是我写这本书的动机。

　　我有过做两代人家长的亲身经历。做过家长的人，跟从未做过家长的人是完全不相同的，我甚至认为让没有做过家长的人去谈论幼儿家庭教育，纯粹只属隔靴搔痒，不得要领。道理很简单，因为成功的幼儿家庭教育需要的是家长的智慧，是超越知识和方法的领悟，是解决难以解决的问题的策略。

　　我相信教育自己的孩子与教育别人的孩子，其难度是大不相同的。在教育自己的孩子时，掺杂了太多"说不明、道不清"的亲情，混入了太多的"传统"和"利益"关系，很多问题不是一种或几种道理就能够解决的，太容易产生"误判""误诊""误教""误导"。

　　这次，我将这本书的题目定为《漫谈幼儿家庭教育》，道理很简单，所谓漫谈，就是随意地谈论，就是不求全责备地谈论。

　　也许世界上最为复杂的事情总是最难正儿八经地去阐述的，是最难下严格定义并一丝不苟地加以演绎的，幼儿家庭教育就属于这一类事情。既然如此，漫谈幼儿家庭教育就可以避免说教，避免僵化，避免谈了不如不谈，人们多少还能从漫谈中汲取一些关于幼儿家庭教育的"营养"，获得一些教育的智慧、一些感悟。

所谓漫谈，不是随心所欲地"乱弹琴"，而是有"魂"，有"道"，也有"术"。有品质的漫谈，就是"讲故事"，讲经典的故事，而非琐碎的事例。故事讲得好，才有人愿意听、喜欢听；才让人听得入味，并为之感动；才使人学以致用，用之有效。

所谓漫谈，就是不拘形式地谈论，有的是阳春白雪、谈经论道式的，也有的是下里巴人、街谈巷议式的。大部分家长可能没有正规地学过教育学、心理学、保健学等一类与幼儿家庭教育密切相关的学科，也可能没有学过哲学、伦理学、文化学、社会学、人类学、生态学等一类与幼儿家庭教育也有关联的学科，但是通过这种"碎片式"的谈论，多少可以学得一些对教育自己的孩子有用的东西。

就如我在另一本题为《俗话幼儿园课程》的书中所写到的自己对"真善美"的追求："科学强调的是客观规律，追求的是真，给人以理性；艺术注重的是主观情感，追求的是美，给人以感性；人文则既有深刻的理性思考，又有深厚的情感魅力，追求的是善，给人以悟性。"这也是这本题为《漫谈幼儿家庭教育》的书自始至终所追求的。

朱家雄

2023 年 3 月

目　录

65　应培养的品行

103　德育为先

253　成长的烦恼

277　为人父母

引　言

　　家庭，在人生中是最为重要的，幼儿家庭教育在人一生的教育中是最为重要的。幼儿家庭教育发生在纷繁复杂的关系和矛盾之中，面临着顺应幼儿自然发展与学习按照社会规范做人之间的协调。

人生中最为重要的东西

　　人生就是一个生命的存在，关系是人生的全部。每个人都是某个家庭中的成员，人生所经历的从生到死的整个过程，都与家庭发生着密不可分的关系。

家庭与家庭教育的意蕴

　　中国人讲究"根"，"根"就是"家乡"，"家庭"在"根"上，是至亲的人共同生活的地方，这是幼儿家庭教育的根基。

幼儿家庭教育的"魂""道""术"

　　"立德树人"是幼儿家庭教育之"魂"，"既要顺应孩子的自然发展，又要让孩子适应社会需要"是幼儿家庭教育之"道"，具体如何去做是幼儿家庭教育之"术"。

"顺应自然发展"和"适应社会需要"

　　要顺应孩子善的或中性的天性，而不是恶的天性；要教育孩子知善知恶，为善去恶。

家风的影响力胜过其他

家风是一个家庭所具有的特征，一旦形成，就会成为不可替代的家庭教育资源，对家族子弟具有耳濡目染的熏陶作用。

家庭和睦是最幸福的

孩子早期的家庭教育，如若发生在和睦的家庭氛围之中，那么就已经成功了一半。

学做世界的小公民

要从小开始培养孩子对多元世界的理解，使其以开放的心态更好地融入这个多元世界之中。

人生中最为重要的东西

人生什么最重要

曾经有篇小文章，提出了"人生什么最重要"这个问题：

在孤儿院，你问孩子们，在这个世界上，你们觉得什么最重要呢？

"爸爸妈妈最重要！"孩子们齐声回答。

在养老院，你问老人们，人生什么最重要？

"生命最重要！"老人们说。

在医院，你问躺在床上的病人，人生什么最重要？

病人叹了一口气，说："原来，我总是计较财富地位，现在才知道，健康是最重要的！"

当你在港口，在车站，在公园，遇到那些四处漂泊的游子，问他们人生什么最重要？

游子仰望天空，凝视着远方，说："家最重要！"

如果你来到河边或者湖岸，见到失恋的人，问他们，人生什么最重要？

失恋的人会说："失去的爱人，曾经的恋情最重要。"①

文章的作者根据各种不同的说法进行分析和归纳，得出了这样一个结论："那些失去的，或即将失去的，才是人生最重要的东西。"

---

①【美】威廉·贝纳德. 哈佛家训Ⅴ［M］. 张玉，译. 北京：中国妇女出版社，2017.

其实，从另一个视角进行分析和归纳，可以得出另一个结论：生命和家庭都是这些人一致认定的人生最重要的东西。人生就是一个生命的存在，关系是人生的全部，每个人都是一个家庭的成员，人生所经历的从生到死的整个过程，都与家庭发生着密不可分的关系。

什么是家庭

家庭，由"家"和"庭"两字组成。

"家"由具有婚姻、血缘和收养关系的家人组成，家是人生的起始地和归宿处，家给人生带来了各种滋味。

"庭"是一家人的活动空间，是正房前的院子。在家的周围垒起墙，就有了庭；有了庭，就有了家的私密，就与外人有了隔离，就不会受到外人的骚扰和侵犯。

家庭是一个社会生活单位，是具有婚姻、血缘和收养关系的人们长期共同居住而形成的群体，由情感纽带维系，以经济合作和繁衍后代为主要特征。哲学、社会学、法学、经济学、伦理学、人类学、心理学、教育学等各种学科虽然对家庭都有各自的论述，但是它们对家庭的定义都大同小异。

因为有了家庭，涉及家庭成员之间的婚姻、血缘和收养关系，涉及共同居住、生活和情感等问题，于是，一系列复杂的事情就产生了：

- 涉及婚姻：复合家庭、直系家庭、核心家庭、不完全家庭……
- 涉及血缘：直系血亲、旁系血亲、血脉传承、福荫子孙……
- 涉及收养：法律、伦理、财产、抚养……
- 涉及经济：家庭财物、家庭经营、家庭管理……
- 涉及生态：每个家庭成员与家庭的关系、家庭与家庭的关系、家庭与社区的关系、家庭与社会的关系、家庭与文化的关系……
- 涉及伦理：夫妻关系、亲子关系、祖孙关系、亲戚关系、家庭信仰、家风、家法、家规、家训、家教……

　　•涉及情感：个体情感特征、情感交流方式、态度、习惯、家庭隐
私……

　　•涉及居住与日常生活：家庭事务的决策、私宅的配置、私宅的居
住与分配、家务分担、家庭收支的方式、生活方式和习惯、教育孩子
的理念和方式……

　　•……

　　如果用朴素的、简单的大白话去讲什么是家庭，那么可以这样说：

　　家庭是讲爱的地方，不可只是讲理；家庭是放松的地方，不可动辄吵闹；家庭是安心的归宿，不可太过张狂；家庭是感情的寄托，不可相互欺骗；家庭要温暖，家庭成员要互相抱团，而不是冷言冷语；家庭要陪伴，要"捆绑"一体，而不是众叛亲离。

幸福的家庭与不幸的家庭

　　苏联作家列夫·托斯尔泰说过："幸福的家庭有同样的幸福，而不幸的家庭则各有各的不幸。"

　　"幸福的家庭有同样的幸福"，这前半句话只有一半是真理。

　　两个原本互不相干的人，因为爱情，朝夕相处地在一起，共同承担家庭的责任。在年复一年、日复一日的平凡日子里，不可能完全同心合意、和睦相处，不可能完全没有矛盾和冲突，因此"举眉齐案""相敬如宾"只是理想状态，在现实中有时难免会面临争吵与不和。

　　所谓"幸福的家庭有同样的幸福"，一定是指在摩擦和冲突中相互理解、相互容忍和相互调适。

　　所谓"同样的幸福"，就是"和"，有"和"才有"合"，"和合"就是"以和为美"，就是"和而不同"，就是"己所不欲勿施于人"，就是"家和万事兴"。换言之，家庭生活是酸、苦、甘、辛、咸五味俱全，一家人因为缘分而组合在一起，不是一味地去追求"甘"，摒弃"酸、苦、辛、咸"，而是如何将五味调

和在一起，成为"独具一格"的美味。所谓的"同样的幸福"，就是这种"和羹之美，在于合异"和"各美其美，美人之美，美美与共"的状态。

"不幸的家庭则各有各的不幸"，这后半句话看似是绝对的真理，其实也只有一半是真理。

不幸的家庭，是争斗不息的家庭，或是"表面风平浪静，内在暗流涌动"的家庭，甚至是即将破裂的家庭。造成不幸家庭的原因各不相同，可以是兴趣、个性、生活习性、偏好、认知，也可以是家长里短中的大事与小事。归根结底，就是不能和谐相容相处的家庭。

无法去罗列和陈述不幸的家庭所有各自的不幸，但是在"各有各的不幸"中有一个不幸却是共同的，那就是不幸的家庭都会给孩子的健康成长带来最大的不幸，而且是难以弥补的不幸，因为孩子无辜地失去了其人生中最为重要的东西。

家庭与家庭教育的意蕴

家庭的意蕴

但凡是中国人，都把家庭看得特别重。

中国人讲究"根"，"根"就是"家乡"，是血脉生长的地方，"家庭"在"根"上，是至亲的人共同生活的地方。

家庭是父亲和母亲的世界，家庭是孩子的乐园。

家庭是一个承载着不可磨灭的童年记忆的地方，是一根与最亲近、最可信的亲人连接情感的纽带，是一个在遭遇世态炎凉时依然感到安全的避风港，是一个浪迹天涯却依然可以回归的归属地。

家庭的意蕴太多太深，众说纷纭，集合一体，每个人都可以权衡轻重，自我领会。

- 哲学家：家庭是家庭成员的精神乐园。

- 社会学家：家庭是社会的最小细胞。

- 文化学家：家庭是文化传承的起始地。

- 伦理学家：家庭是自然的、特定的、复杂的伦理关系。

- 婚姻学家：家庭是风雨相依的两人世界。

- 心理学家：家庭是家人心灵抚慰的情感之地。

- 教育学家：家庭是教育的最重要场所。

- ……

中国人之所以把家庭看得特别重，是因为中国人的传统文化来自农耕文明。

一群中国人，以家庭/家族为单位，在农田里耕地，靠天吃饭，维持生计，风调雨顺时同享丰收，天灾人祸时则抱团取暖。

换言之，中华传统文化有别于西方的游牧文化，以"渔樵耕读"为特征，是千百年来我们的祖先生产、生活的实践总结，是华夏儿女得以繁衍、生存、发展和传承至今的一种文化形态。在中华传统文化中，理想的家庭模式是"耕读传家"，既要有"耕"来维持家庭生活，又要有"读"来提高家庭的文化水平，这种模式推崇的是人与自然、人与人之间的和谐，符合中华文化对于人生最高修养的乐天知命原则，也符合当今社会的和谐发展理念。

而今，中华传统文化已被赋予了新的意义，在崛起中的中国成为了中国人的一种精神信仰。追根溯源，幼儿家庭教育的根基就在这里。

血脉中的"文化基因"

"日出而作，日入而息。凿井而饮，耕田而食。"这是先秦时期民间流传的《击壤歌》里的词，描述的是中国乡村闾里人们击打土壤、歌颂太平盛世的情景。农耕文化是中华优秀传统文化的主干成分，是构建中华民族价值观念的重要精神文化资源。

农耕文化的哲学意蕴可以概括为"应时、取宜、守则、和谐"，这八个字准确、到位地阐明了农耕文化的本质特征，说明了成为一个中国人，在其血脉中所存在的"文化基因"。

应时，说的是"在对的时间做对的事情"，体现的是对自然规律的尊重、敬畏和遵循，不失时机地应对变化和机遇。

取宜，指的是"中庸之道"，不走极端，适宜、适合为要。

守则，即为恪守准则、规范，可宽泛地理解为遵守秩序、规矩。

和谐，就是在天、地、人之间建立一种和谐共生的关系，这是农耕文化的核心理念。

作为中国自然哲学与人文实践的理论根源，《易经》提出了"天人合一"的思想，讲的就是"应时、取宜、守则、和谐"，这是农耕社会群体生存、生活和发展的规律，以及对集体利益的保障和维护。

中华传统文化具有浓烈的伦理特征，文化的主要意识形态是围绕着家庭/家族而建立起来的，以此为核心思维方式的传统文化形成了"铁板一块"的整体性和凝聚性。国家其实就是以家庭/家族为起始单元发展而形成的。这种伦理特征，就是印刻在每个中国人血脉中的"文化基因"。

包括幼儿家庭教育在内的家庭教育如若脱离了文化渊源，就会失去灵魂。

观乎天文与人文

家庭教育既然是教育，一定会涉及"为什么教育"（教育目的）、"教育些什么"（教育内容）、"怎样去教育"（教育途径和方法）以及"教育得怎么样"（教育评价）等一些基本的问题，幼儿家庭教育也不例外。

从培养一个孩子成为现代中国人的教育目的出发，价值取向、思维方式、风俗习惯、道德观念、行为举止等元素渗透在孩子家庭生活和教育的各个方面，哪怕是非常微小的方面。

《易经》中的"观乎天文，以察时变；观乎人文，以化成天下"，其前半句讲的是人要观察天地运行的规律，以认知时节的变化。天是阴阳交替、变化不定、捉摸不透的，给人以玄妙的感觉、遐想的空间、创造的机会；地是刚柔分明、是非清晰、循规蹈矩的，要人遵守时节变化，做好开垦、种植、排水、施肥、收割等作业，让人赖以生存。

《易经》中的"观乎天文，以察时变；观乎人文，以化成天下"，其后半句讲的是在天地之间生存和生活的人，要观乎于天，站立于地，以仁义为基础，建立道德秩序和规则，让人治身、治心、治世，方能修身、齐家、治国、平天下。

由是，幼儿家庭教育的宗旨，就是要从小培养孩子站立在天地之间，观乎天文，既要富有想象和创造，又要恪守规则、规矩；就是要德育为先，学会做人，做中国人，做现代中国人。

幼儿家庭教育的"魂""道""术"

从"茶魂""茶道""茶术"讲起

可以用"茶"为例，来说明某事物不同层面及其相互关系的有关问题。

在高级层面上说"茶"，那就是"茶之魂"，在这个层面上，"茶"并不是在意喝什么茶、怎么喝茶，而是在谈论精神的、文化层面上的事情。例如，茶是中华传统文化中素有的"民以茶代礼"风俗的一种表征物。茶礼有缘，客来敬茶，古已有之，茶是中国人最早重情好客的传统美德与礼节的表现之一；茶的精神渗透在中国的诗词、绘画、书法、宗教、医学、饮食等各个方面中；几千年来，不仅积累了大量关于茶叶种植、生产的物质文化，更积累了丰富的有关茶的精神文化。

在中级层面上说"茶"，那就是"茶之道"。茶道，当然关注的是喝茶这件事，但是讲的是以茶修身之道，是品赏茶的美感之道。茶道是一种生活方式，通过沏茶、赏茶、闻茶、饮茶，领略传统美德，体验静心、静神的状态，从而陶冶情操、祛除杂念。中国的茶道，讲究五境之美，即茶叶、茶水、火候、茶具、环境，同时配以情绪等条件，以求"味"和"心"的最高享受。

在低级层面上说"茶"，那就是"茶之术"。茶术也关注具体的喝茶这件事，只是将关注点聚焦于如何沏茶的技术、方法、形式等方面，诸如茶叶的用量、泡茶的水温、冲泡时间和次数等，意在把握沏茶技巧、方法及表现形式，以提升喝茶的品质。

"茶"是如此，"幼儿家庭教育"同样也是如此。

在论述"茶"或"幼儿家庭教育"时，会有不同层面的阐述，但是其规律是低级服从中级，中级服从高级，三者是保持同源的。

幼儿家庭教育之"魂"

与"茶"的"魂"一样，"幼儿家庭教育之魂"是文化、价值层面上的事情，讲的是"立德树人"，讲的是如何培养孩子成为有"德性"的人。

所谓"立德"，即树立德业。《左传》载："太上有立德，其次有立功，其次有立言，虽久不废，此之谓不朽。"这句话说的是，人生最高的境界是立德有德、实现道德理想，其次是事业追求、建功立业，再次是有知识有思想、著书立说。这三者是人生的不朽，而立德居于人生三不朽之首。

中华传统文化是一个以伦理为核心的文化系统，立德是中华传统文化脉动几千年的核心力量。由中华传统文化演绎而来的幼儿家庭教育，其价值取向偏重于讲道德、讲规矩；偏重于讲究集体利益、讲究"顾及他人，为别人着想"；偏重于"和""合"，"求大同，存小异"，……。

在"德智体美劳"五育并举的教育中，强调"德育为先"，说明的是"立德树人"是教育之魂，而家庭教育也是如此。"凡人莫不从童子始，凡教莫不自童子兴"，抓住幼儿家庭教育之魂，要做的事情就是"教之以事而喻诸德"，就是让孩子学会如何做人。

幼儿家庭教育之"道"和"术"

幼儿家庭教育一旦铸就了"魂"，就要落实在培养孩子的实务之中了，涉及培养孩子的"道"和"术"的问题。具体地说，幼儿家庭教育之"道"讲的是面对幼儿，在家庭教育中应有怎样的基本思考；幼儿家庭教育之"术"讲的是在幼儿家庭教育中具体应该怎样去做。在道与术之间，道为上，术为下，以道统术，以术得道；道为本，术为末，本末有序，不可倒置；道为柔，术为刚，至刚至柔，刚柔并济。

幼儿教育不同于中小学生教育，有其独特的规律和特点，在幼儿家庭教育中同样如此，因此，幼儿家庭教育之"道"就是"既要顺应孩子的自然发展，又要让孩子适应社会需要"。

所谓"顺应自然发展",就是在幼儿家庭教育中要尊重孩子自己的需要和意愿,充分发挥孩子与生俱来的天赋。所谓"适应社会需要",就是在幼儿家庭教育中要有目的、有计划地培养孩子成为能适应社会需要的人,而不是去培养与社会格格不入的人。

幼儿家庭教育之"术",指的是具体如何去做的事情,包括家庭教育的内容、方法、形式和途径等,诸如:如何处理好"玩"与"教"之间的关系;如何创设有益于孩子成长的家庭教育环境;如何使幼儿家庭教育、幼儿教育机构教育和社区教育保持一致等。

在幼儿家庭教育中,"魂""道""术"是一个统一体,不可能被分割开来。换言之,只有将这三者之间的关系把握好,才能获得成功的幼儿家庭教育。

一 "顺应自然发展"和"适应社会需要" 一

大道至简

大道至简，指的是大道理极为简单，简单到一两句话就能说明白，它意味着"少而精"，能抓住问题的核心来说明问题。

如果用一句话说明幼儿家庭教育的道理，那就是："既要顺应孩子的自然发展，又要让孩子能适应社会需要。"幼儿家庭教育的全部内涵都可以用这句话来概括。

"要顺应孩子的自然发展"，这是幼儿教育区别于其他教育的主要方面。道理很简单，幼儿教育面对的是幼小的孩子，就像一棵刚长出来的嫩芽，不顺应它，它就有可能被折腾至无法继续成长。

"要让孩子能适应社会需要"，这是幼儿教育与其他教育相同的方面，幼儿教育再有特殊之处，毕竟也是教育，要从小培养孩子成为能被社会接纳、能在社会上很好地生存和发展的人。

"既要……，又要……"，说明的是两者都要，缺一不可。缺少其中之一，都不是完整意义上的幼儿家庭教育。

"既要……，又要……"，说明的是两者之间要"摆平"关系。"顺应自然发展"与"适应社会需要"孰轻孰重，因人而异，因时而异、因情景而异，很难把握。用一句话形容，那就是："一切以时间、地点、条件为转移。"要做到"摆平"，不是一件容易的事情。

"既要……，又要……"，说明的是两者之间有时是一致的、相辅相成的，但更多的时候是相互矛盾的、冲突的，两者要兼而有之，常常会有难处。例如，"顺应自然发展"指向"适合孩子"，"适应社会需要"则指向"适合他人、集体和国家"，同时做到不同指向的两件事情并不容易。

顺人之天，以致其性

唐代柳宗元的《种树郭橐驼传》对种树人郭橐驼有这样的描述：

> 橐驼非能使木寿且孳也，能顺木之天，以致其性焉尔。……苟有能反是者，则又爱之太恩，忧之太勤。旦视而暮抚，已去而复顾。甚者，爪其肤以验其生枯，摇其本以观其疏密，而木之性日以离矣。虽曰爱之，其实害之；虽曰忧之，其实仇之；故不我若也。吾又何能为哉？

这段话说的是："郭橐驼不是能够使树木活得长久而且长得很快，只不过能够顺应树木的自然生长规律，使它的本性充分发展而已。……如果有能够和这种做法相反的人，就又太过于吝惜它了，担心它太过分了。早晨去看了，晚上又去摸摸，已经离开了，又回来望望。更严重者，甚至掐破树皮来观察它是死是活，摇动树的根部来看培土是松还是紧，这样就离开树木的自然发展一天天远去了。虽然说是喜爱它，但实际上是害它；虽说是担心它，但实际上是仇视它。所以他们种植的树都不如我。我又哪里有什么特殊本领呢？"

将这段话用在育人上，也是同样的道理。要"十年树木，百年树人"，同样要遵循"顺人之天，以致其性"的道理。

天性，是人出生就具有的秉性、心理特性及行为趋势。

天性本无善无恶，待到与切身利益相关时就有了善恶。

善的天性有安全感、好奇心（探索欲）、获得感、认同感、创造欲、自豪感、仪式感、正义感、罪恶感（善意）、保护欲（使命感）、成就感、幸福感、责任感、崇拜感……

恶的天性有懒惰、破坏欲、嫉妒心、自卑感、恐惧感、孤独感、占有欲（控制欲）……

中性的天性有食欲、距离感、方向感、分寸感、压迫感、依赖感（归属感）、不适感、疼痛感、失落感、表现欲……

所谓的"顺人之天，以致其性"，要顺应的是善的或中性的天性，而不是恶的天性。教育是要让孩子知善知恶，为善去恶。不分善恶，只是强调去释放孩子的天性，这是片面的，释放孩子恶的天性，是任何一种教育都不能容忍的。

学习适应社会，别指望社会迁就孩子

社会是讲究秩序和规则的，有秩序和规则，才会有社会的稳定和发展。在社会中生活的孩子必须遵守规则，外面的世界不会迁就不守规则，甚至无法无天的孩子。释放孩子恶的天性，犹如将关在潘多拉盒中的魔鬼释放出来，会对社会造成损害。

与其到了未来，孩子被社会敲打得头破血流，不如从小让孩子有所敬畏，以适应社会——敬畏生命，敬畏尊长，敬畏规则，敬畏"神明"。古人所谓的"举头三尺有神明"，说的就是每个人头顶都有一个"神明"，告诫人不要去做亏心事，做了坏事就会被"神明"惩罚，提醒人要积德行善，做人要光明磊落。

明代的方孝孺说："凡善怕者，必身有所正，言有所规，行有所止，偶有逾矩，亦不出大格。"意思是："凡知道畏惧的人，必定言谨身正，说话有分寸，行为不冲动，虽偶尔有些出格之处，但不会出现大的过失。"

在对孩子实施教育时，如果只是顺应孩子的天性，只是维护孩子的权利，而不去强调他们的责任，不去要求他们遵守规则，那么孩子就有可能随意去挑战社会秩序，破坏社会规则。这样做的后果，必然是受到社会的谴责，甚至受到社会的惩戒。

家风的影响力胜过其他

家风的影响力常常胜过其他教育手段

家风，又称门风，是家庭或家族世代相传的风尚和生活作风。

中国人的家风，从大的方面讲，是建立在中华传统文化之根上的集体认同，是一个家族代代相传下来的体现家族成员精神风貌、道德品质、审美格调和整体气质的家族文化风格；从小的方面讲，是父母或祖辈的身体力行和言传身教，用以约束和规范家庭成员的风尚与作风。

中国人的家风，源于古代乡土亲缘社会，包括长期以来在中国这块土地上形成的价值观、伦理观与道德观，也包括与此相匹配的规矩、途径与方法。

中国人认同的家风有很多，从以下的话语中可见一斑：

- 治家严家乃和，居乡恕乡乃睦。
- 勤俭治家之本，忠孝齐家之本，谨慎保家之本，诗书起家之本，积善传家之本。
- 忠孝仁爱显人品，勤俭耕读展家风。
- 以德遗后者昌，以祸遗后者亡。
- 一念不慎，坏败身家有余。
- 父母之爱子，则为之计深远。
- 富贵子弟无成者，失于姑息也；贫贱子弟易成者，习于严束也。
- 养不教，父之过；教不严，师之惰。
- 家有一心，有钱买金；家有二心，无钱买针。
- 长者须是指导者、协商者，而不是命令者。
- ……

家风不是一般意义上的道德准则和处世方法，反映的是一个家庭所具有的特征，它一旦形成，就会成为教育的资源，对家族子弟具有耳濡目染的熏陶作用。有人将家训、家规比作教化家族子弟的教科书，而家风则是"润物细无声"的影响，以及经由长期教化后的结果。

王木春在他的《人生第一课》里，将家风比喻为："像空气一样，具有强大而持久的渗透力，影响力往往胜过其他有形的教育手段。"

优良家风的典范

钱氏家族是江南的名门望族，家风严谨，福泽了后代，促使其子孙成才，后代人才辈出。《钱氏家训》是钱家先祖吴越国王钱镠留给子孙的精神遗产，它使整个钱氏家族形成了良好的家风。

《钱氏家训》分为个人篇、家庭篇、社会篇和国家篇。在个人篇中，首先说道："心术不可得罪于天地，言行皆当无愧于圣贤。"（译：存心谋事不能够违背规律和正义，言行举止都应不愧对圣贤教诲）接着说道："曾子之三省勿忘，程子之四箴宜佩。"（译：孔子的弟子曾子"一日三省"的教诲不要忘记，程颐用以自警的"四箴"应当珍存）……

崇文倡教、读书明理是钱氏家风的重要内容，其强调的就是：读书为第一等事。钱氏家族内就相互扶携，各地钱家都设立义田、义庄，并明文规定，若盈利，族内凡寡孤独者，均能领到义庄钱粮，其中一部分田产必须作为教育经费，钱姓子弟不论贫富都能上学，国学大师钱穆就是受到家族资助才得以求学的。

"读书第一"的家风让钱家人才辈出，令世界瞩目。在钱姓后代中，有当代我国科学界的"三钱"——钱学森、钱三强、钱伟长，还有国学大师钱基博、钱穆。

例如，钱伟长幼年家境清苦，但是每逢寒暑假，他的父亲和叔父们相继回家，便一起舞文弄墨、下棋和演奏音乐，"一到晚饭后，每天有一小时的音乐活动，父亲善琵琶和笙，四叔善箫，六叔好笛，八叔拉一手好二胡"。钱伟长说他自己就是在琴棋书画的文化环境中受到了文化的陶冶。长大后，钱伟长虽然没有从事文史或艺术工作，但是他的家庭氛围是一种潜在的教育，启迪他"懂得要洁身自好，刻苦自励，胸怀坦荡，积极求知，安贫正派"。

颜之推的《颜氏家训》、朱熹的《朱子家训》、曾国藩的《曾国藩家书》等，也都是影响家风形成的典范，它们不只是一家一族的训示，而已经繁衍成为全社会乃至中华民族的优良文化，渗透着有关家庭教育的内容与方法，迄今依然闪烁着智慧的光芒；它们浓缩了先人丰富的人生体验，饱含着深厚的爱子之情，对于家庭教育具有广泛而深远的意义。

有"家"就有家风

家风，是一个家庭经由长期过程而形成的精神风貌和风尚习气，它看不见，也摸不着，是一种隐性的存在。每个家庭都有自己的家风，它无声无息地融入家庭日常生活情景中，哪怕是一举手、一投足、一杯茶、一顿饭、一辆车……都是家风的呈现。

家风，作为一个家庭或家族共同认可的价值观，具有权威性和典范作用，具有社会性，也具有传承性。在中国传统家庭中，家风存在于宗族之中，人的行为受到族约的限制；而今，家风来自传统文化的传世家规、家训及经验，更多来源于适合时代潮流的社会规则、人们所信奉的处世哲学，以及人们家庭教育的实践经验。

家风，是一个中性的概念，就如每个人有不同的气质、特征和性格，有正面的，也有反面的。有的家风可以是睦邻治家、待人有礼、为人忠厚、勤奋俭朴的；也有的家风可能是不顾他人、狡诈刻薄、凶恶蛮横、游荡为非的。可以说，没有家风，本质上也是一种家风。

中国人，有"家"就有家风，家的意义，就是家风的传承。

良好家风的形成，当为幼儿家庭教育特别需要关注的问题。

家庭和睦是最幸福的

家家有本难念的经

有人曾将"管理家庭"与"治理国家"作比较，认为管理一个家庭的麻烦不少于治理一个国家。此话虽说有些夸张，但是不无道理。也许，"管理家庭"难就难在其中掺杂了太多复杂的情绪、情感因素。一个事物一旦加入了纠缠不清而且难分是非的情绪、情感因素，往往会将管理的理智和逻辑搅浑了，本该有的规律和规则可以变得模糊不清，甚至完全颠倒。

家庭不比江湖，不能快意恩仇，只能是"剪不断，理还乱"。

家庭不比国家，不能按部就班，只能就事论事，该聪明时就聪明，该糊涂时就糊涂。

该聪明时就聪明，说的是管理家庭要遵循规律，遵守规则。

该糊涂时就糊涂，说的是管理家庭不能完全遵循规律，遵守规则。

与"治理国家"相比，"管理家庭"难在面对"剪不断，理还乱"的情景，如何把握"要遵循、遵守"与"不能完全遵循、遵守"之间的分寸。

以核心家庭这种最为简单的家庭结构为例，一个家庭由父亲、母亲和孩子三人组成。三个独立的个体有三个不同的立场、三个不同的视角、三种不同的个人需要和偏好，掺杂着各人随时都会发生变化的情绪、情感，尽管组成家庭的各成员之间可能达成协议和默契，或者按照潜在规则行事，但是面对种种生活琐事或需要决策的大事，每个家庭成员的个人利益、需求、兴趣、偏好以及自我价值导向下的追求都不尽相同，于是他们之间就会产生不协调和矛盾，甚至是激烈的矛盾和冲突。

有这样一个小故事，说的是在一个家庭中发生的一件小事：

　　一个小女孩在客厅里玩耍，忽然她"哇"地一声哭了起来，母亲急忙从厨房里跑了出来，看到小女孩的手被卡在了花瓶里拔不出来了。母亲小心翼翼地拉住小女孩的手向外拽，小女孩哭得更厉害了，母亲急中生智，很不情愿地将花瓶轻轻地打碎了，小女孩的手露了出来，母亲抚摸着小女孩的手，仔细地观察她的手有没有被打碎的花瓶划伤，发现小女孩的手还是紧紧地攥着，不肯松开，母亲还以为小女孩的手在抽筋，便一边抚摸一边安慰。后来，小女孩的手慢慢地伸展开来了，母亲看到小女孩的手中紧紧地攥着一枚一元硬币。父亲见状大怒，因为这个花瓶是比较贵重的。

　　父亲：大怒，必须教训孩子，为了一元钱不值得毁掉贵重物品。

　　母亲：心疼，孩子受惊了，一个花瓶算不了什么。

　　孩子：委屈，不知道自己是对是错。

　　这件事情的后续如何，可以有很多"版本"，如若再增添爷爷奶奶、外公外婆的介入，"版本"则会更多。

　　这就是所谓的"家家有本难念的经"。

　　这就是所谓的"国事家事天下事，最难理的是家事""清官难断家务事"。

家庭是"理想国"，还是"鸟笼"

　　对于"家庭"，有些名人曾给予相当夸张的赞美词句，也有些名人则给予模棱两可的含糊诠释，甚至是贬义的言辞：

　　• 德国诗人海涅："我宁愿用一小杯真善美来组织一个美满的家庭，也不愿用几大船家具组织一个索然无味的家庭。"

　　• 爱尔兰作家萧伯纳："家是世界上唯一隐藏人类缺点与失败的地方，它同时也蕴藏着甜蜜的爱。"

　　• 爱尔兰诗人穆尔："一个人为寻求他所需要的东西，走遍了全世界，回到家里，找到了。"

●科威特作家纳素夫："人生真正的幸福和快乐浸透在亲密无间的家庭关系中。"

●法国教育家卢梭："再没有什么图画比家庭这幅图画更动人了。"

●中国作家三毛："家，对每一个人，都是欢乐的泉源啊！再苦也是温暖的，连奴隶有了家庭，都不觉得他过分可怜了。"

●法国思想家蒙田："婚姻好比鸟笼，外面的鸟想进但进不去，里面的鸟儿想出但出不来。"

●……

家庭究竟是什么？

仅仅依据这些名人的想法，家庭是蕴藏"真善美"和"爱"的"理想国"，是踏破铁鞋苦苦追求的"梦想"，是能隐藏缺点与失败的"安全港"，是心目中最美最美的"图画"，是温暖和快乐的"泉源"；家也是困住人、让人感到百般无奈的"鸟笼"，可能是各种不幸的来源……

家和万事兴

有关家庭和睦，德国作家歌德说过："无论是国王还是农夫，家庭和睦是最幸福的。"

而英国作家莎士比亚说过："不如意的家庭，好比是座地狱，一辈子鸡争鹅斗，不得安生"。

用中国人的老话讲，那就是"家和万事兴"，大凡一家人过日子，总要和和气气才好。家庭和睦是解读"家"这一本"难念的经"的唯一办法。

其实，和合文化是中华传统文化的精髓之一。和合二字，源远流长，一直影响着中国人的精神和物质生活，包括家庭生活和教育。

相传唐代天台山国清寺隐僧寒山和拾得是佛教史上著名诗僧，他们之间有一段对话流传至今：

寒山问拾得："如果世间有人无端地诽谤我、欺负我、侮辱我、耻笑我、轻视我、鄙贱我、厌恶我、欺骗我，我要怎么做才好呢？"拾得回答说："你不妨忍着他、谦让他、任由他、避开他、耐烦他、尊敬他、不要理会他，再过几年，你且看他。"

这段看似简单的对话，其实就是和合文化的前身，凸显了中华传统文化所具有的和合精神与和合价值。慢慢地，"和"演化出和谐、和睦、和平、和善、祥和、中和等意；"合"演化出汇合、结合、联合、融合、组合、符合、合作、合理等意。

对于外人，甚至是有恶意的外人，尚且可以如此，那么对于至亲的家人更无理由做不到"忍着他、谦让他、任由他、避开他、耐烦他、尊敬他、不要理会他"了。

幼儿期孩子的家庭教育，如若发生在和睦的家庭氛围之中，那么就已经成功了一半。

学做世界的小公民

地球是人类命运共同体

孩子知道自己生活在地球上，地球很大、很大。

孩子不知道地球上会发生的所有事情，但是一定知道地球像人一样不能生病。给孩子讲一个《地球妈妈生病了》的故事，会让他懂得很多道理：

地球妈妈生病了，她发现身上又少了一块绿色，自己的外表都变成黄色的了。地球妈妈仔细一看，原来是地球上的人砍掉了她身上的许多树木，挖出了一个个的大坑，难怪地球妈妈身上这里疼，那里痛。

地球妈妈到宇宙诊所看病。医生检查了她的身体，不禁深深地叹了口气，说："你得了三个重病，一是严重失水，缺水会让你干裂；二是表皮缺少绿色，缺少绿色会让你身体内部损坏；三是中了毒，是空气严重污染造成的……"医生接着说："你已经病得很厉害了，再不医治，你会有生命危险。"

地球妈妈听了很伤心，她感到生活在地球上的人辜负了她的付出。回到家中，她给人们写了一封信，信是这样写的：

亲爱的人们：

你们好，我现在已经身患重病，希望你们能协助我好好治疗：请少砍树，少排放废气，多种绿色植物，保护水资源，这样我才可以避免更多的自然灾难。拜托你们了！

每年 4 月 22 日是"世界地球日"，提醒每一位地球居民重视保护地球环境，防止地球生态的恶化。

不论是"世界地球日",还是其他的日子,都要让孩子懂得地球居民是命运共同体,保护地球环境是世界上每一个人每天都要做的事情,不管他是哪个国家、哪个地方生活的人。日常生活中看似不起眼的环保小行动,都是在为"治愈"地球贡献力量:

- 捡拾塑料袋,减少塑料用品对地球的污染。
- 节约用电,随手关灯。
- 珍惜水资源,节约水、保护水。
- 少开汽车,选择低碳出行。
- 捡拾废纸,垃圾分类,变废为宝。
- 动物是人类的朋友,给予动物生存的空间。
- 种下植物,为地球增添一抹绿。
- ……

一起向未来

2019 年春节期间,我国电影《流浪地球》上映。这部电影根据刘慈欣同名小说改编,设定 2075 年太阳即将毁灭,人类只能开启"流浪地球"计划,带着地球一起逃离太阳系,寻找人类新的家园。

《流浪地球》没有突出个人英雄主义,没有去表现一个超人以自己独特的个性和方式逃离地球的故事,而是反映全球人民共同合作"带着地球跑"这种"有难同当"的中国式叙事思维,那就是"人类命运共同体"。

人类命运共同体是开放合作,不是封闭自守。在《流浪地球》中,一万一千座行星发动机是"带着地球去流浪"的重要工具,分布在很多国家,如果没有合作,"流浪地球计划"就难以实现。中国宇航员刘培强毅然放弃原本可以活下去的可能,操纵领航员空间站撞向木星,帮助地球成功脱离木星引力,这就是中华传统文化倡导的"天下为公"的精神。

据说，《流浪地球》的编导们制定了一个电影的基本思想：拯救地球的必须是全世界的全部的人，而不是某一个国家，或某些个人。

孩子不可能完全领会电影《流浪地球》的意思，甚至看了会"一脸困惑"，但是至少会模糊地意识到地球以及生活在地球上的人是有危机的，只有所有的人共同努力，一起向未来，才有可能避免灾难，获得生存和发展的机会。

理解、接受、欣赏和尊重多元的世界

随着科学的发展，地球越变越"小"了；随着国际交流的增多，整个世界变得越来越开放。孩子在慢慢成长的过程中，会有越来越多的机会接触到不同文化、不同类型的人和事，要让孩子理解、接受、欣赏和尊重这些差异。

现代的社会正在变得越来越融合、多元、包容和开放。要从小开始培养孩子对多元世界的理解，让他们更好地融入这个多元世界中，成为世界小公民。

从以下几个方面入手，可以帮助父母更好地理解、接受、欣赏和尊重这个多元的世界：

- 多接触其他文化中的事物。例如，可以让孩子品尝世界各国的食品，如意大利的披萨和通心粉、美国的炸鸡和薯条、日本的寿司和生鱼片、法国的长条面包和牛排等，讲述有关这些食品的故事，让孩子知道每个国家的人喜欢吃各种各样的食品，就像中国人喜爱吃大米饭和各种菜系的菜肴一样。

- 选读一些国外的经典绘本。国外出版的绘本中有不少经典之作，能很好地反映其他文化的风采，展现不同国家和民族的思维与行为方式，有益于孩子从多元文化中去汲取营养。与孩子一起阅读这些绘本，并提出问题去启发孩子思考，让孩子与自己熟悉的一切作比较，体会文化的差异所具有的价值。

- 选看一些反映其他文化风情和习俗的视频，让孩子直观地认识不同的文化，以及在那些文化中生活的孩子。

• 与外国孩子交朋友。如若有条件，可以让孩子接触外国孩子，并与他们交朋友，在一起游戏。尽管交流时语言可能不通，但是"游戏语言"能让他们玩在一起，并认同"不一样的人也可以成为朋友"。

• ……

幼童

引言

作为幼儿家庭教育的对象，孩子的天赋犹如火苗，既可被熄灭，也可燃起熊熊大火。火苗易熄，烟云消散，不留痕迹；火苗易燃，火光冲天，昼夜通明。对孩子的教育，犹如如何看待火苗，不同的处理火苗的熄或燃的方式，会使孩子的教育产生截然不同的结果。

孩童之道，道在何方

孩童之道，就是虽无所不能，却要依附于母亲；虽无所不知，却听从母亲；虽无所不有，却要母亲的至爱；虽无拘无束，却要母亲的拥抱；虽无忧无虑，却受俗与爱的约束。

童年的歌

要懂得童年的价值，懂得童真、童趣的可贵，给予孩子尽心尽力享受自己童年世界的权利。

孩子有自己的"理论"

孩子认知发展的过程就是一系列"朴素理论"的形成、修正和发展的过程。

两个不同的父亲眼里的孩子

为人之父，烦恼与幸福并存，在教育自己的孩子时，因为责任，不同的人最后一定是殊途同归的。

游戏是孩子自己的工作

游戏由兴趣而产生快乐，因自由而产生魔力，并能表示出孩子发自内心的爱好和认识的程度。

玩具，孩子自己的"工具"

一个物品之所以成为玩具，是因为孩子赋予了它价值和意义。

孩子最好的玩具

水、沙等物品是孩子最好的玩具，因为它们具有原始性和多功能性，能让孩子动手操作，并有无穷变化。

既要保持童心，又要抑恶扬善

完整意义上的幼儿家庭教育既要顺应孩子的自然发展，也要立德树人，扬善除恶，两者缺一不可。

孩子金子般的财富——天资

早期识别孩子的天赋，抓住机缘，因材施教，发挥长处，因势利导，这是幼儿家庭教育的"金科玉律"。

孩童之道，道在何方

泰戈尔的《孩童之道》

古今中外，许多诗人的诗歌天马行空，意境奇异，行云流水，浪漫奔放，一气呵成，宛若天成，既能打动人，又让人难以理解。

印度诗人泰戈尔曾写过一首题为《孩童之道》的诗，就是这样的一首诗，广为传播于全世界。

只要孩子愿意，他此刻便可飞上天去。

他所以不离开我们，并不是没有缘故。

他爱把他的头倚在妈妈的胸间，他即使是一刻不见她，也是不行的。

孩子懂得各种各样的聪明话，虽然世间的人很少懂得这些话的意义。

他所以永不想说，并不是没有缘故。

他所要做的一件事，就是要学习从妈妈的嘴唇里说出来的话。那就是他之所以看来这样天真的缘故。

孩子有成堆的黄金和珠子，但他到这个世界上来，却像一个乞丐。

他所以这样假装了来，并不是没有缘故。

这个可爱的小小的裸着身体的乞丐，所以假装着完全无助的样子，便是想要乞求妈妈的爱的财富。

孩子在纤小的新月的世界里，是一切束缚都没有的。

他所以放弃了他的自由，并不是没有缘故。

他知道有无穷的快乐藏在妈妈的心的小小的一隅里，被妈妈亲爱的手臂拥抱着，其甜美远胜过自由。

孩子永不知道如何哭泣，他所住的是完全的乐土。

他所以要流泪，并不是没有缘故。

虽然他用了可爱的脸儿上的微笑，引逗得他的妈妈的热切的心向着他，然而他的因为细故而发的小小的哭声，却编成了俗与爱的双重约束的带子。

看似"荒诞"，却浑然天成

人们对《孩童之道》的主旨有多种不同的理解，有人认为这首诗表现的是孩子天赋的潜能，有人认为它表达了对母爱的崇高礼赞，有人认为它抒发了孩子对母亲深挚的爱恋，也有人认为它展现了对人世间真善美的热烈追求。

这首诗分为五小段，将每一段的头一句合在一起，表达的是五个"不"的意思：无所不能（只要孩子愿意，他便可飞上天去）、无所不知（孩子懂得各种各样的聪明话）、无所不有（孩子有成堆的黄金和珠子）、无拘无束（是一切束缚都没有的）、无忧无虑（他所住的是完全的乐土）。这五个"不"，是孩子与生俱来的"天赋"，是孩子的"本性"，是孩子未来发展的潜能。

从题目中可以看到，这首诗讲的是孩童之"道"，那么"道"为何物，它在何处？

《易传·系辞传上》曰："一阴一阳之谓道。"所谓的"道"，讲的是宇宙万物的本原、本体。在泰戈尔《孩童之道》的诗中，孩童之道就是表述两个看似矛盾对立的事情，最终达成了阴阳调和，矛盾统一。

在这首诗的五个小段中，以孩子的憨态为线索，以母子之间的情感交结为场景，具体表述了"孩童之道"，那就是：虽然无所不能，却想依附于母亲的怀中；虽然无所不知，却愿听从母亲的话；虽然无所不有，却需要母亲的挚爱；虽然无拘无束，却不肯放弃母亲的拥抱；虽然无忧无虑，却受俗与爱的双重约束。

泰戈尔在诗中如此反复强调孩子的"原本"，乍看是"荒诞"的，但是一旦将它与"母爱"相结合，居然浑然天成，不仅浪漫，而且显得入情入理，更给人以真实感。

《孩童之道》带来的教育启迪

许多评论家都会说，诗人是"人类的儿童"，因为他们是天真的，是浪漫的，是和善的，是无瑕的。泰戈尔更像是个"孩子的天使"，他的诗就像这个天使的脸，给人以阳光，给人以真情，给人以爱。

诗，不同于散文，语言高度凝练，抒情生动形象。泰戈尔《孩童之道》中，将孩子的"天赋"极度夸大了，但却也生动地显示了孩子的特征，表达了诗人的激情，使人不仅能接受，而且惊叹之余尚能信服。泰戈尔在这首诗中还运用了比拟和借代的手法，将孩子与母亲之间的关系描述得入木三分，既富有感情，又充满理性。

世界上的任何事物，一旦将其两个端点推到了"极端"，两极分化，阴阳分明，再去思考阴中有阳，阳中有阴，两者互动，阴阳调和，那么就会产生对该事物更为高层次的思考。这也许就是泰戈尔《孩童之道》能打动人心的缘由。

撇开泰戈尔《孩童之道》的浪漫成分，理智地去思考这首诗给孩子教育带来的启示，起码有以下几个方面：

- 每个孩子都有与生俱来的"天赋"，都有发展自己的无限潜能，只是容易被父母忽略了，或看轻了。
- 孩子对母爱的期待和渴望，使其能舍弃一切，因为对于孩子而言，父母的爱和温暖是最珍贵的，是孩子成长不可或缺的动力。
- 孩子天生就会运用自己独特的方式与父母进行沟通和交流，对于父母而言，这既是可以享受的天伦之乐，又是实施教育的上佳途径和方式。

• 亲子之间的关系是微妙的，说不清、道不明，这是心的沟通，是情的交融。这是一首美妙的诗，这是一曲动人的歌，这是一个难以解读、难以诠释的故事。

• ……

┈┼ 童年的歌 ┼┈

童年

"一天又一天，一年又一年，迷迷糊糊的童年"，许多人嘴上还在哼唱着这首脍炙人口的《童年》，却还不自觉转眼间自己已经长大了，看到的只是自己孩子的童年了。

《童年》这首歌曲，在词曲的咬合、表达的意境上动人心弦，在对孩子自然、纯真、朴实的描述上无限地贴近着人在童年时的经历和经验。

> 池塘边的榕树上，
>
> 知了在声声叫着夏天。
>
> 操场边的秋千上，
>
> 只有蝴蝶停在上面。
>
> 黑板上老师的粉笔，
>
> 还在拼命叽叽喳喳写个不停。
>
> 等待着下课，等待着放学，
>
> 等待游戏的童年。
>
> ……
>
> 嘴里的零食，手里的漫画，
>
> 心里初恋的童年。
>
> 总是要等到睡觉前，
>
> 才知道功课只做了一点点。
>
> 总是要等到考试以后，

才知道该念的书都没有念。

一寸光阴一寸金，

老师说过寸金难买寸光阴。

一天又一天，一年又一年，

迷迷糊糊的童年。

……

阳光下蜻蜓飞过来，

一片片绿油油的稻田。

水彩蜡笔和万花筒，

画不出天边那一条彩虹。

什么时候才能像高年级的同学，

有张成熟与长大的脸。

盼望着假期，盼望着明天，

盼望长大的童年。

一天又一天，一年又一年，

盼望长大的童年。

等待游戏的童年，说的是孩子的天性：孩子要游戏，渴望游戏，急盼着下课和放学，急盼着能自由放飞，去做自己想做的事情，这就是童年。

迷迷糊糊的童年，说的是孩子的特征：他们关心的事情与成人不一样，是零食，是玩具，是动画，而非"寸金难买寸光阴"，这就是童年。

盼望长大的童年，说的是孩子的心向：他们有期待，有向往，他们对自己的童年还有梦想，希望自己快快长大，像成人一般有能力，这就是童年。

这首看似普通却又富有深意的流行歌曲，唤起了无数人对自己童年记忆的认同感：孩子，有自己的心事，有自己的烦恼，有自己的天地，甚至还有小小的"隐私角落"。这首质朴而极富感情的歌曲，会让人吟唱过后忍不住深思：每一个人心中都有一个具有明媚色调的童年，正是孩子内心的这种主色调，成为了五彩缤纷人生的基础。

最忆是童年

人的一生，只有一个童年；童年已逝，童年已成故事，最忆是童年。

如果岁月可以回头，许多人都想再有一次无忧无虑的童年，让自己再次细细品尝童真、童趣。

他们也许会唤起自己童年的美好回忆，有馋嘴的零食、好听的歌曲、有趣的动画片、令人着迷的游戏。

"最忆是童年"的念想，并非歌曲、故事有多好听，动画片有多好看，零食有多好吃，游戏有多好玩，而是因为"回不去了"，即使花费再大的代价也都已经回不去了。

不少人会有一种莫名的心理，那就是"失去的，无法再得到的，就是最好的"，"最忆是童年"的念想大概就是这样一种心理。

如若将"最忆是童年"的念想变得有价值，就不会沉湎于一种浪漫的感觉，即让经历了诸多磨砺的人生回到自己曾经的富有童真、童趣的年代，再过上一把"童年瘾"，甚或成为一种对现实处境不甚满意，却又无可奈何的"无病呻吟"。

孩子比成人快乐

如果要给"最忆是童年"的念想赋予一些有价值的意义的话，那就是应该懂得童年的价值，懂得童真、童趣的可贵，给予孩子尽心尽力享受自己童年世界的权利。

其实，在这个世界上，孩子都比成人快乐，因为孩子是天真的，心里没有太多、太强烈的欲望，他面对世界时的心灵是一颗单纯的童心。反言之，在成人以后，由于产生了各种欲望，一旦正常的欲望得不到满足，就会感到空虚、失落和痛苦，如果邪恶的欲望得不到满足，就有可能去违法、犯罪，甚至受牢狱之灾。

在现实中，很多人会误会一些家境不佳、生活艰难的孩子不幸福、不快乐，其实这只是这些人以自己的标准去思量孩子，而非真实的状况。"鸡吃砻糠鸭吃谷，各人自有各人福"，当一个孩子没有太多去与别人比较，头脑中也没有过多的社会约定俗成的得失概念时，他是很快乐的，他会享受自己周遭的所有东西，赋予其自己给予的意义。例如，他会骑着竹竿当作马在田野里飞奔，他会与其他孩子挤在一起相互取暖，他会将捕捉到的知了与螳螂放在一起，观察它们之间会发生些什么。这样的童年充满了快乐，是富有诗意的快乐。

在现实中，很多人也会有误会，认为有些孩子什么都有，样样东西都比别人好，他们是幸福的、快乐的。其实，他们身上有太多成人的"影子"，他们失去的是"童真"，他们不一定会有真正的快乐。

如若要真正理解"最忆是童年"，童年最值得人去留恋的、记忆的是"天真"，是"无知"，是"没有太多的欲求"，于是必然会产生源于自然的快乐。

如若要真正给予孩子快乐的童年，那就不要过多地以成人基于功利的要求去期待孩子，去制约孩子。

孩子有自己的"理论"

小猫诞生的"理论"

孩子不知道小猫是怎么生出来的，但是意大利瑞吉欧小镇上的孩子们创造了一整套自己的"理论"：

> 庭院里有一棵奇特的树，那是长满了树叶的猫树，真的是一棵很大的树。树上有一些猫，各种各样的猫，有花猫，有耳朵全黑而肚皮白白的猫。看，母猫来了，喵! 喵! 它伸出爪子，抓住了大树。看，走来了一只大公猫，他是母猫的丈夫。有许多猫在树上，有软软的猫，有胖胖的猫，有老往天空上看和在树叶间散步的猫，有吃鸟的猫。夜里，母猫在庭院里闲逛，来到树下，她张开大口，选出最喜欢的种子，然后说："我要像这种的大黑猫。"于是从树上落下了种子，小猫就这样诞生了。

孩子们依据了自己已有的经验，创造了"小猫诞生的理论"，那些经验可能是：(1) 看到并认识果子是结在树上的，因此猫也会是生在树上的；(2) 看到并认识有各种各样的猫；(3) 知道生小猫要有母猫和公猫（母猫的丈夫）；(4) 有种子在地上长出植物的经验，推想小猫是树上猫的种子落在地上长出来的。

孩子创造的"小猫诞生的理论"在成人看来是不科学的，但是从孩子思维的发展来看，却有其合理的地方，这就是孩子头脑中想的小猫是怎样诞生的问题。

孩子的"朴素理论"是其创造性思维发展的原点

有研究表明，孩子在生物、物理或心理等领域内都能创造自己的"理论"，这是非正式的直觉"理论",有人称之为"朴素理论"。在婴儿期,孩子的这些"理论"非常简单,随着孩子的成长,逐渐变得复杂起来。

所谓理论,是解释性的,能够回答"为什么"的问题,科学家经常会创造理论,解释世界上万物发生、发展的规律,为的是探索、发现真理。

孩子自己创造的"理论"似乎也是这样。孩子创造的"朴素理论"虽然不及成人创造的理论那般精准和连贯,那么具有内在的逻辑,但两者具有相似之处,例如都是依据自己已有的经验而获得的,都需要自己的思考和演绎,都需要不断经受检验和修正。从宏观的视角来看,人对于世界的认识,就是人所创造的各种理论的变化与发展;从微观的视角来看,孩子认知发展的过程就是各领域内一系列"朴素理论"的形成、修正和发展的过程。

人类原先对自己生存、生活的地方所持有的理论是:地是方的,天是圆的,后来才慢慢改变了这样的理论,认为人是生活在地球上的,地球是圆的。

同样,孩子对自己周遭所发生的现象和事件也都有自己的解释,并在长大的过程中不断修正,长大以后逐渐认同成人创立的理论。

对这样的说法作个归纳,简述如下:

- 孩子也能依据他们微不足道的经验创造理论。
- 孩子的理论看似可笑,却有一定的哲理。
- 前人创造的理论,与孩子的"朴素理论"有相似之处。
- 没有永远正确的理论,即使再高明的理论家,他们创造的理论在若干年以后也与孩子的理论有同样的结果,即被人或被己否定。
- 孩子创造的"朴素理论"是其思维发展的原点,对孩子创造性的培养要基于这样的原点。
- 要理解孩子的"朴素理论",保护孩子的创造性思维。
- ……

理解和欣赏孩子的奇思异想

有了这样的认识，那么成人就会理解和欣赏孩子的许多奇思异想，就不会再无端地按照自己的标准去纠正孩子的想法了。

其实，细细地去品味孩子的言行，就会发现虽然孩子想的和做的与成人不一样，但不是没有道理的。他们的想法和做法既基于自己已有的经验，又是富有自己的哲理的。

观察一下孩子对自己生存、生活的地球的认识，就会明白他们与成人的认识太不一样了。

孩子一直听到别人说，人是生活在地球上的，因此当问及他们："人生活在哪里呀？"他们的回答会很干脆："地球上。"

孩子看似正确的回答并非说明他们已经懂得地球这个概念了。当有人问他们："人站在地球上，笔直往前走，会不会掉下来呀？"他们的回答常是："会的。"他们的回答不是没有依据的，因为也许他们想起马戏团里的小熊，站在一个圆圆的大木球上，战战兢兢，一不小心就会掉下来。

成人往往"恨铁不成钢"，希望孩子早点掌握地球这个概念，他们不厌其烦地向孩子展示太阳系的模型，希望孩子理解地球是圆的；地球上住着很多很多的人；地球是有吸引力的，所以人能站稳在地面上；地球是围着太阳转的，在银河系里，地球很小。

对于成人的一番苦心，孩子并不领情，也不会去较真，他们只有自己的逻辑："地球围着太阳转，头不是要晕的吗？""地球那么小，我们怎么住得下？""有人住在地球的上面，有人住在地球的下面，他们不会掉下去吗？"……

面对孩子的回答，成人往往"哭笑不得"。其实，他们应该反思的是，究竟是孩子错了，还是他们自己错了。

人类在认识世界、改造世界的过程中曾经创造过无数种理论，这些理论都曾对人类的进步产生过积极的作用，但是从现在的观点看，其中绝大部分都是错误的，人类永远在新的发现途中发展着自己，理论永远在否定、修正和改造中得到提升，这就叫作创造、创新。

　　孩子在成长的过程中也会创造自己的理论，这些理论对于孩子的发展都会产生积极的作用，尽管在成人的眼里都不正确，但是对孩子而言却是宝贵的，是孩子对未来世界认识的基础。换言之，创新、创造都不是凭空产生的，孩子在不断否定、修正和改造自己"朴素理论"的基础上才可能具有创新思维和创造能力。

两个不同父亲眼里的孩子

两篇同题散文——《儿女》

朱自清和丰子恺曾写过同题散文《儿女》，分别阐述他们眼中的孩子，并表达为人父亲的真实感受。那一年，朱自清和丰子恺都刚步入而立之年，而且都已经成为几个孩子的父亲。

文学家朱自清用白描的手法叙述了他的感受：

……每天午饭和晚饭，就如两次潮水一般。先是孩子们你来他去地在厨房与饭间里查看，一面催我或妻发"开饭"的命令。急促繁碎的脚步，夹着笑和嚷，一阵阵袭来，直到命令发出为止。他们一递一个地跑着喊着，将命令传给厨房里佣人；便立刻抢着回来搬凳子。于是这个说，"我坐这儿！"那个说，"大哥不让我！"大哥却说，"小妹打我！"我给他们调解，说好话。但是他们有时候很固执，我有时候也不耐烦，这便用着叱责了；叱责还不行，不由自主地，我的沉重的手掌便到他们身上了。于是哭的哭，坐的坐，局面才算定了。接着可又你要大碗，他要小碗，你说红筷子好，他说黑筷子好；这个要干饭，那个要稀饭，要茶要汤，要鱼要肉，要豆腐，要萝卜；你说他菜多，他说你菜好。妻是照例安慰着他们，但这显然是太迂缓了。我是个暴躁的人，怎么等得及？不用说，用老法子将他们立刻征服了，虽然有哭的，不久也就抹着泪捧起碗了。吃完了，纷纷爬下凳子，桌上是饭粒呀，汤汁呀，骨头呀，渣滓呀，加上纵横的筷子，欹斜的匙子，就如一块花花绿绿的地图模型。吃饭而外，他们的大事便是游戏，游戏时，大的有大主意，小的有小主意，各自坚持不下，于是争执起来；或者大的欺负了小的，或者小的竟欺负了大的，被欺负的哭着嚷着，到我或妻的面前诉苦；我大抵仍旧要用老法子来判断的，但不理的时候也有。最为难的，是争夺玩具的时候：这一个的与那一个的是同样的东西，却偏要那一个的；而那一个便偏不答应。在这种情形之下，不论如何，终于是非哭了不可的。这些事件自然不至于天天全有．但大致总有好些起。我若坐在家里看书或写什么东西，管保一点钟里要分几回心，或站起来一两次的。若是雨天或礼拜日，孩子们在家的多，那么，摊开书竟看不下一行，提起笔也写不出一个字的事，也有过的。我常和妻说，"我们家真是成日的千军万马呀！"有时是不但"成日"，连夜里也有兵马在进行着，在有吃乳或生病的孩子的时候！

在漫画家丰子恺眼中，孩子完全是另外一个样：

……我领了四个孩子——九岁的阿宝、七岁的软软、五岁的瞻瞻、三岁的阿韦——到小院中的槐荫下，坐在地上吃西瓜。夕暮的紫色中，炎阳的红味逐渐消减，凉夜的青味渐渐加浓起来。微风吹动孩子们的细丝一般的头发，身体上汗气已经全消，百感畅快的时候，孩子们似乎已经充溢着生的欢喜，非发泄不可了。最初是三岁的孩子的音乐的表现，他满足之余，笑嘻嘻摇摆着身子，口中一面嚼面瓜，一面发出一种像花猫偷食时候的"ngam ngam"的声音来。这音乐的表现立刻唤起了五岁的瞻瞻的共鸣，他接着发表他的诗："瞻瞻吃西瓜，宝姐姐吃西瓜，软软吃西瓜，阿韦吃西瓜。"这诗的表现又立刻引起了七岁与九岁的孩子的散文的、数学的兴味：他们立刻把瞻瞻的诗句的意义归纳起来，报告其结果："四个人吃四块西瓜。"

烦恼与幸福并存

这两篇文章虽然都是近一个世纪前写的，但即使今日看来，依然栩栩如生，让人读后不禁会心一笑。

同样为人父亲，他们眼中的孩子看似是完全不同的，他们与孩子相处的体验和方式也不一样，但是细细体会，却有相同之处，那就是烦恼与幸福并存。

在朱自清的文中，看似难以忍受十年间接踵而来的孩子给自己的生活和工作带来的羁绊，就如同叶圣陶所形容的"蜗牛背了壳"，或他自认为的"要剥层皮呢"，有时还忍不住对孩子动了粗，但是字里行间也不时流露出身为人父的幸福感，他描述孩子到了细致入微、出神入化的地步。

丰子恺文中的孩子个个都是他的"小天使"，而且越小越可爱，越小越有创意，几个孩子连在一起，共奏了一曲曲妙不可言的"乐曲"。丰子恺之所以有这样的心态，是与他从小养尊处优有关，也与作为艺术家的他所带有的艺术情怀有关，他用浪漫的色彩去看待自己的孩子，孩子也给他带来了满满的幸福感，在他的心目中，孩子"占有与神明、星辰、艺术同等的地位"。当然，孩子的捣乱、破坏和损毁行为也会让丰子恺不胜其烦，忍无可忍，不免"哼喝他们，夺脱他们手里的东西，甚至批他们的小颊"，更过分的是把一群孩子送回乡间，自己独居了几个月。不过，他立即就会为自己的态度感到后悔，将夺走孩子的东西加倍奉还，将打孩子的手变成抚摸孩子的手。

父亲的责任

烦恼与幸福，都是主观感受，从这两篇同题的文章来看，所不同的是，孩子给朱自清带来的烦恼大于幸福，给丰子恺带来的幸福大于烦恼；所相同的是两者都富有为人父亲的责任性。

朱自清在他的文章中认定，教孩子"怎样去做人"是最重要的，尽管孩子的职业和前程应由他们自己去决定，但作为父亲，要去帮助孩子去发展自己。他也认识到自己对孩子的体罚和叱责是残忍的，对自己以往的行为十分自责，想要更好地承担起为人父亲的责任。

作为"儿童崇拜者"的丰子恺，对于父亲应对孩子承担什么责任的问题虽称说"心中常是疑惑不明"，其实早已了然于胸。丰子恺本着"儿童本位"的理念，主张不要用成人的眼光去审视儿童和要求儿童，因此尊重孩子、保护孩子的童心，是为人父亲最为重要的职责。

不同的人，以不同的方式看待自己的孩子，教育自己的孩子，然而最后是"殊途同归"的。

游戏是孩子自己的工作

认真做打仗游戏的李远

北周初年，有个名叫李远的将军，出生在世代将门之家。受家庭的熏陶，李远自小就喜欢习武弄棒。

一天，他学着大人的样，与其他孩子一起排队操练，布阵作战。他手里拿了一根木棒当起了总指挥，调动手下的"兵马"，像真的一样，一会儿进攻，一会儿防守，认真极了。就在这个时候，郡守和他的随从路过这儿，看到了孩子们玩的游戏，非常感兴趣，走上前去让李远和其他孩子再重新玩一次。孩子们见了太守，一个个伸头咋舌，不敢作声，随后又四散逃跑，唯有李远镇定自如，更具大将风度了，他挥动着手中的木棒大声喝道："站住！军中唯从将令，不得擅自离开职守，有违者斩！"孩子们一下子被李远的喊声镇住了，一个个又回到了原地，乖乖地列好了队，将手里拿着树枝、木棍之类的东西当作武器，听从李远的调遣。太守看到了两队人马相互厮杀的场面，被孩子们在玩游戏时的认真所打动，更赞赏李远在游戏中表现出来的指挥能力，情不自禁地对他的随从说："这个孩子，连做游戏都那么认真，将来一定是个有出息的将才！"

不出太守所料，后来李远因勋德兼美，战功赫赫，成为了一代名将。

其实，几乎所有的孩子在做游戏时都像李远一样是认真的，正如教育家陈鹤琴先生所言："小孩子生来是好动的，是以游戏为生命的。"

游戏是孩子真正的工作

古今中外的教育家，尽管他们的立场不同，观点各异，但是在论及孩子游戏时，几乎都不会去否认游戏是孩子真正的工作。

主张顺应孩子天性自然发展的法国教育家卢梭认为："就儿童而言，游戏就是他们的工作。儿童于任何一件事，都会由兴趣而产生快乐，因自由而产生魔力，并且能表示出他发自内心的爱好和知识的程度。"

幼儿园教育之父、德国教育家福禄培尔将孩子的游戏看作是"以后一切生活的胚芽"，"因为整个的人都是从这些最柔弱的气质和最内在的倾向所发展生长出来的，以后整个人生即使到了将死去的一刹那间，仍然有儿童的气质存在着"。

即使深信教育具有塑造作用的英国教育家洛克，也没有否定游戏的作用，相反，他认为："教导儿童的主要技巧是把儿童应做的事也都变成一种游戏似的。"

游戏之所以对孩子来说有如此吸引力，是因为游戏有以下一些特征：

- 游戏是孩子自己想做的事情。
- 游戏是孩子主动发起的。
- 游戏是孩子根据自己的需要选定的。
- 游戏是孩子围绕自己的经验展开的。
- 游戏不附带成人给予的要求。
- 孩子在游戏中是自己管好自己的。
- ……

孩子的游戏之所以重要，是因为游戏对孩子的成长有不可替代的作用：

- 游戏顺应了孩子的天性。

- 游戏给予孩子表现、表达自己的机会。

- 游戏给孩子带来快乐。

- 游戏是孩子宣泄不良情绪的途径。

- ……

在游戏中，孩子以假当真，会去认真地做现实生活中他们不可能去做的事：他们可以像建筑师一样"建造高楼大厦"，可以像司机一样"驾驶汽车"，可以像医生一样"给病人拔牙"，也可以像爸爸妈妈一样"煮饭烧菜"。孩子在游戏中追求的是过程，不以结果为目的，而游戏过程丰富了孩子的想象力，使孩子获得了语言交流的机会，使孩子感到快乐无比，在心理上得到极大的满足。

可以这样说，孩子是在他们自己的工作中成长的。

上去下来的游戏

许多年前，在《深圳晚报》上曾登载过一篇题为《上去下来的游戏》的小文章：

偶然地，目睹了一个男孩玩滑梯的全过程。

一开始，他飞快地登梯，又飞快地滑下来，几乎不假思索。

再次上去，他先朝四周看看，再从侧面朝下看看，拍着栏杆瞭望一会儿，才滑下来。

重新登顶，他倒是再没有兴趣逗留，但滑下来时，他用手与屁股控制着，不让身体按自然速度下滑。他控制得很出色，快慢自如。

最后一次，他是从滑道爬上去的，虽然光溜溜的，有点难爬，但他克服了，并返身攀着陡峭的阶梯下来，看去有点危险。

……

　　寥寥数笔，文章的作者竟然将一个三四岁孩子玩滑梯的状态和水平描述得如此简洁明了，概括得如此恰如其分。这就是孩子真正的游戏。当然，这位文章的作者一定不是在观察这个孩子连续四次滑梯后纪实所写的，因为孩子的这四个滑梯水平是需要一个学习和发展过程的，也许需要半年、一年的时间。

　　这就是孩子真正的游戏，因为是这个孩子自发的、自主的、没有目的的，只是为了满足自己，而不是为了别人。

　　如果将孩子滑梯改变为以下的状态，那就不是孩子的游戏了：

　　一开始，父母要求孩子去滑梯，告诉他要按照次序，排在别人后边一个一个往上爬阶梯，并等在滑梯边上，用手去接住正在下滑的孩子，生怕他滑出去。

　　再次上阶梯，父母要求孩子先朝四周看看才滑下滑梯。父母不断问孩子："你看见了什么？害怕不害怕？"

　　重新登顶，父母要求孩子用手控制滑下的速度，要他体会一下手按滑梯的扶手按得越紧，自己滑下的速度就越慢。

　　最后一次，父母要求孩子尝试从滑梯爬上去，并返身攀着陡峭的阶梯下来，不断鼓励孩子要勇敢，要克服困难。

　　……

一 · 玩具，孩子自己的"工具" · 一

什么叫玩具

什么叫玩具？这似乎是一个谁都能回答的问题，但却是大部分的人不会正确回答的问题。

一般人认为，玩具是供给儿童游戏使用的物品，是经过设计、加工、制作，并用于销售的产品。

"供给""设计""加工""制作""销售"，这些词汇说的都是成人所做的事情，而不一定是孩子想要的事情。

从"供给""设计""加工""制作""销售"等视角出发，成人就会想到将玩具进行分类：形象玩具、技术玩具、拼合和装配玩具、建筑和结构玩具、体育活动玩具、音乐发声玩具、劳动活动玩具、装饰性玩具和自制玩具……

从"供给""设计""加工""制作""销售"等视角出发，成人就会想到给玩具定下功能：促进孩子德、智、体、美、劳的全面发展，满足孩子好奇、好动和探究的愿望，增进孩子的运动能力，训练孩子的知觉，激发孩子的想象……

从"供给""设计""加工""制作""销售"等视角出发，成人就会想到给玩具确定技术标准：造型优美，能反映事物的典型特征；形式多变，能激发孩子的兴趣；符合卫生标准，材质与涂料无害，易于清洁、消毒；符合安全要求，杜绝"三无"商品，不可伤害孩子的身心健康……

从"供给""设计""加工""制作""销售"等视角出发，成人就会想到给玩具限定适用年龄：0—3岁儿童适用、3—7岁儿童适用、7—10岁儿童适用、10—14岁儿童适用……

如若将玩具看成是上述这样的物品，那么这一切均无可非议。

但是，"供给""设计""加工""制作""销售"这类词汇都是站在成人的立场而说的，玩具的意义是由成人赋予的。与其说，这样的玩具是玩具，不如说，这样的玩具不是真正的儿童玩具，而是儿童的"教具"，因为它们带有成人的目的。

玩具之所以被称为是玩具，是因为它们是孩子自己想要的东西，通过玩具，孩子自愿、自发、自主地做自己想做的事情。换言之，一个物件，之所以能成为玩具，是因为孩子赋予了它价值和意义。

孩子眼里的玩具与成人眼里的玩具是不相同的

游戏既然是孩子自己的事情，玩具自然就应该是孩子自己认定的"工具"，而不是别人"供给"的、"设计"的、"加工"的和"制作"的。

问题是，成人，哪怕是教育领域的专家都不可能知道孩子自己在想些什么，他们想做些什么，他们通过自己认定的"工具"在干些什么。由此推理，成人，哪怕是教育领域的专家，也根本讲不出哪些玩具才归属于儿童玩具。

问题是，成人，哪怕是设计、制作玩具的专家都不可能知道给孩子提供的玩具是否真的能让孩子愿意玩、喜爱玩、玩出自己的"名堂"来。由此推理，成人，哪怕是设计、制作玩具的专家，也根本设计和制造不出真正意义上的儿童玩具。

从这样的一些问题可以得出这样的结论：成人给予孩子的玩具并非真的是孩子的玩具，而孩子自己的玩具则很少会是成人认同的玩具。

一个两岁多一点的孩子，拿起一本书来，在手里乐此不疲地撕扯。此时，孩子将这本书当作玩具，但成人很难理解孩子的行为，甚至会因认为这是孩子的破坏行为而去阻拦他。

一个五岁的孩子，在地上捡起一根树枝，放在双腿之间在地上飞奔，这是孩子将这根树枝当作马骑，但成人很难理解孩子的行为，甚至会因认为这样做太过愚蠢而去阻拦他。

在成人眼里，书、树枝都不是玩具，但是在孩子的眼里，这些都是自己的玩具，他们给书和树枝赋予了自己的意义。

其实，道理十分简单。每个孩子都是一个独立的个体，每个孩子的兴趣、需要都不一样，对于同样一个物件，不同的孩子会赋予它不同的意义。游戏是没有目的的，是能够满足不同孩子兴趣、需要的东西，因此是否真正是孩子自己想要的"工具"，只有孩子自己才知道。

玩具的原始性和多功能性

说到孩子的玩具，专家往往会以玩具的原始性、多功能性作为评价孩子玩具优劣的"标准"，这是有道理的。

玩具的原始性，指的是玩具最古老的、未开化的和未被开发的性质。世界上越原始、越低级的东西，越具有奠基性、决定性和稳定性。刚来到人世间不久的孩子，身心结构和功能尚未分化，尚未发育完善，心智并没有成熟，他们需要的是为未来发展打下稳定的基础，孩子的这些特点是与玩具的原始性相匹配的。

纵观人类的发展进程，可以看到原始人类最初接触的物品都是沙子、石块、泥巴、树枝、干草、水这一类最原始的物品，以后经由进化的过程，这些物品才慢慢得到开发，演变成为现代各种高度分化的物品。孩子的成长过程与此类似，他们对世界的认识和作用，也是从简单到复杂、从不分化到分化的。换言之，这些最为原始的物品，才是他们最容易理解、最容易运用、最容易赋予意义的物品。

玩具的多功能性，指的是玩具能被孩子赋予多种意义。也就是说，一个物品能被孩子以多种方式运用，象征多种不同的东西。多功能性与原始性不可分离，换言之，具有原始性的物品，才能被孩子想象成为各种不同的物品。一辆从商店里买来的玩具汽车，给孩子带来的只有"这是一辆汽车"；一块木块，给孩子带来的可能会是多种想象，如"这是一辆汽车""这是一座房子""这是一个娃娃""这是……"。每个孩子不一样，同样一块木块，不同的孩子可以赋予它不同的意义；同样一块木块，在不同的时候，同一个孩子也可以赋予它不同的意义。

孩子最好的玩具

玩具是孩子的天使

有游戏，就有玩具。如果说，游戏是孩子真正的工作，那么玩具就是儿童的玩伴。

从字面上看，玩具就是"玩"的物件，但凡孩子可以玩的东西，都可以称为孩子的玩具，换言之，玩具是给孩子看的、听的、触摸的和耍弄的。

在商店里售卖的玩具不一定能算作是孩子的玩具，因为孩子可能不想拿它去玩，或者不多久就将它扔在一边了，倒是有些不起眼的东西恰恰可能是孩子最喜爱的玩具，孩子可以玩出许多自己想要的"花样"来。

父母往往看不懂孩子想要什么，也不知道孩子在游戏中赋予玩具什么意义，因此，唯一衡量某物品是否是玩具、是否是好的玩具的标准，就是孩子有没有自愿地选择，就是能否用它持久地玩。

水是孩子最好的玩具

孩子喜欢玩水是不分季节的，只要允许他玩，他就会忙得不亦乐乎，常常把衣服鞋子搞得湿漉漉的，也满不在乎。尤其是夏天，让孩子尽情地到水池或浴缸里戏水，飞溅的水花打在他的身上，会使孩子格外兴奋。

水，取之方便，在世界上恐怕再也找不出一样东西比水更便捷、比水对孩子更有吸引力了。水是流动的，是没有固定形状的，是变化多端的。在玩水中，孩子可以赋予水以无穷的意义，水则可以给孩子带来无限的想象、无限的创造。

在玩水时，孩子会玩出各种"花样"来，其动作变化无穷。

洗澡是孩子玩水的好时机。孩子把毛巾浸在水中，突然取出，往自己身上滴水、淋水、甩水；用双手绞动毛巾，往水盆里拧水、挤水、控水；把毛巾丢在一边，用手去摸水、划水、拍水、撩水、抓水、捧水；把手和脚浸泡在水里，然后使劲甩手蹬脚，溅得满地都是水……

在水盆、水缸、水池边上，孩子会将大小、形状各异的勺、瓶、罐、壶、桶等器具都当作玩具，特别是将水当作不可替代的玩具，乐此不疲地用这些器具去舀水、盛水、倒水、泼水、浇水，还用自己的嘴、鼻去吸水、吹水、闻水、尝水……

一旦孩子手中有了一支喷水枪，或者拿着一根能接在水龙头上的橡皮管，一定会尽情地享受喷水、冲水、浇水、淋水的刺激给他带来的快乐，他会尝试用自己的办法去控制水流的缓急程度，也会体验经受其喷水而产生的结果……

在厨房的水槽、浴室的浴缸或者水桶、脸盆等容器里装满水，在它们的边上放一些纸杯、木块、石块、树叶、铁皮、泡沫塑料、方糖、面粉团等，孩子在这些物品边上，会把它们一件一件地往水里放。他会看到纸杯像小船一样地浮在水面上，随着手的划动，纸杯会在水里飘来飘去；他会看到如果将泡沫塑料、树叶、木块等东西按到水底，只要一松手，它们又都浮了上来；他也会看到石块、铁皮等总是沉在水底的，看到方糖也沉到了水底，但是不用多久就没有了，而面粉团沉到了水底后，过一会就变小了……

水是孩子最好的玩具，孩子在玩水的动作中感悟世界，获得经验，建构知识。

孩子玩沙的方式层出不穷

孩子玩沙的兴趣不在玩水之下。一辆崭新的玩具遥控汽车在孩子的手里，给孩子带来了一时的新奇感，随后孩子可能就不再那么喜欢玩它了。然而，在一堆沙子边上，孩子可以津津有味地玩上老半天，即使袖口、裤管和鞋里满是沙子也毫不在乎。

与水一样，沙也取之方便。沙既是流动的，没有固定形状，又可以通过塑造，成为无数种有形的事物，因此也是变化多端的。在玩沙中，孩子可以赋予沙很多种意义，沙也可以给孩子带来诸多想象、诸多创造。

孩子玩沙是特别简单的事情。

孩子喜欢停留在沙地里，用脚去踩松软的沙子，在上面留下一个个深陷的脚印；用力地去蹬跳，把松软的沙子压得严严实实；用双手去捧沙子，被晒干的沙粒会像水一般地从指缝里流出，而沾上了水的沙子捏在手里就像一个饭团……

在沙滩、沙坑上，孩子会用小铲子、小木棒，甚或用自己的手去打洞、挖坑、堆垒沙丘，会用铁皮或塑料的小碗、小碟和小盘子玩"炒菜""盛饭""过家家"的游戏……

孩子会在沙上洒上些水，把湿的沙子装入一个个不同形状的小盒子里，用手把沙按实，然后把小盒子倒过来，做成圆的、方的、三角形的、梯形的模型；把湿的沙子塑造成一座自己想象中的儿童乐园……

在沙面上还可习字绘画，"唐宋八大家"之一的欧阳修的故事被传为佳话：欧阳修4岁丧父，家境贫困，全仗母亲郑氏做针线活养家糊口。家里拿不出钱来给他买纸买笔，郑氏就在家门口的一块平地上铺了一层细沙，又折来了一根荻秆，让欧阳修用沙作纸，用荻秆当笔，在沙土上描画，写完后把沙抹平，又重新描写起来。就这样，欧阳修在母亲的指导下认了很多字，学会了写诗作赋。欧阳修在沙子上习字绘画，看似不是游戏，其实在此过程中，有许多游戏的成分，他在沙子上面描画的意义还远不止习字绘画。对于幼童而言，最重要的是他自己的动作以及动作所产生的结果之间的关系。在沙子上面描画，立即就留下了痕迹，画到哪里，痕迹就出现在那里；轻轻地画，痕迹较浅；用力地画，痕迹就很深；在干燥的沙子上画，比在潮湿的沙子上画要省力得多。这些直观的感受和经验对于幼童来说，也许会比学会写几个字更为重要。

既要保持童心，又要抑恶扬善

教育如同种植果树

对孩子的教育，如同种植一棵果树。

种植一棵果树，从种子发芽，到长茎长叶，到开花结果，在此过程中，人们既要给予果树自己成长的空间，又要为种植的果树提供成长的各种条件。

从长期种植果树的经验中，人们领悟到在果树成长的早期，顺应其自然成长是特别重要的，过多干预，如施以太多的肥料、不适当地修枝打叶，甚至揠苗助长都会有害于果树的成长，甚至会摧残幼小的果树的生命。

同样道理，对小年龄的孩子，保持其童心，顺应其自然成长是特别重要的，过多干预，不适当的教育，都会有害于孩子的健康成长，甚至成为摧残孩子的事情。

其实，这样的教育思想，我国的先哲早就已经提出来了。

儒家代表人物之一孟子对于过度的教育曾发出过"童山濯濯"的感叹，提出了"揠苗助长"的论述。孟子说："心有事焉而勿正，心勿忘，勿助长也。无若宋人然：宋人有闵其苗之不长而揠之者，芒芒然归，谓其人曰：'今日病矣，予助苗长矣。'其子趋而注视之，苗则槁矣。天下之不助苗长者寡矣。以为无益而舍之者，不耘苗者也；助之长者，揠苗者也。非徒无益，而又害之。"

童子者，人之初；童心者，心之初

儒家心学的倡导人王阳明认为，教育孩子应根据其身心特点，顺其性情，促其发展，他说："大抵童子之情，乐嬉游而惮拘检，如草木之始萌芽，舒畅之则条达，摧挠之则衰痿。"意思是："孩子性情好动，喜欢嬉戏玩耍，而害怕受拘束和禁锢，就像草木刚刚萌芽，顺其自然就会使它长得枝叶茂盛，摧挠它则很快会使它衰败枯萎。"因此对他们的教育，要运用活泼自然的方法，让他们不知不觉地接受礼仪道德教育。

王阳明还认为，顺导孩子性情进行教育，最重要的就是要激发孩子的学习兴趣，他说："今教童子必使其趋向鼓舞，中心喜悦，则其进自不能已；譬之时雨春风，沾被卉木，莫不萌动发越，自然日长月化。"意思是："孩子如果对学习兴趣盎然，则学习时必然心情愉快，能生动活泼地学习，这样进步自然不会停止。就像时雨春风滋润草木花卉，会生机勃发，自然而然地一天天长大的。"反之，如果忽视了孩子兴趣的培养，则会压抑其学习的积极性，使其学习很难进步，如同遭遇冰霜的花木，"生意萧索，日就枯槁矣"。

王阳明抨击了当时流行的无视孩子身心发展特点、摧残孩子天性的传统教育方法，指出这样的教育不是教人为善，而是会让人品德日趋败坏，驱人为恶。

另一位哲人李贽在他的《童心说》中，对童心有一段真切的阐述，表明了童心乃人性之本，理当珍惜："童子者，人之初也；童心者，心之初也。夫心之初，曷可失也？"又进一步指出："盖方其始也，有闻见从耳目而入，而以为主于其内而童心失。其长也，有道理从闻见而入，而以为主于其内而童心失。其久也，道理闻见日以益多，则所知所觉日以益广，于是焉又知美名之可好也，而务欲以扬之而童心失。知不美之名之可丑也，而务欲以掩之而童心失。"

大致的意思是："孩童是人之初；童心是心之初。心之初怎么可以失去呢？大概在人的启蒙时期，通过耳闻目睹，会获得大量的感性知识，长大之后，又会学到更多的理性知识，而这些后天得来的感性见闻和理性道理一进入人的心灵之后，童心也就失落了。久而久之，见闻、道理日益增多，所能感知、觉察的范围也日益扩大，从而又知道美名是好的，就千方百计地去发扬光大，知道恶名是丑的，便千方百计加以遮盖掩饰，这样一来，童心也就不复存在了。"

西方的哲人在这方面的教育思想，与我国的先哲有异曲同工之妙，洛克、卢梭等人对于儿童及其教育都有类似的论述。

例如，卢梭在其《爱弥儿》一书中提出，孩子之所以可爱可取，是因为他们代表了人最初的原始阶段，即自然人的状态，因此正确的教育方法应该是顺应人的自然本性，保护孩子与生俱来的天赋，而不要去实施违背孩子自然发展规律的教育。

从出生的第一天就要"抑恶扬善"

天性，是人出生就具有的秉性、心理特性及行为趋势。

有人相信"人之初，性本善"，有人相信"人之初，性本恶"，人性的善恶本身是个争论不清的问题。

孩子一旦出世，就开始与自己的需要和利益相捆绑，就会逐渐产生"善"和"恶"。

因此，不分善恶，完全保护、保持孩子的天性，这并不正确。教育的作用，就是从孩子出生的第一天开始"抑恶扬善"，这就是王阳明所说的"格物致良知"。

因此，顺应幼儿自然发展，并通过教育来扬善除恶，培养孩子成为社会需要的人，这就是完整意义上的幼儿教育。

孩子金子般的财富——天资

早期识别，早期因材施教

博物学家罗杰·彼得森在 5 岁时就开始对鸟类表现出强烈的兴趣，努力学习，矢志不移，一生从事动物研究，取得了不菲的成就。

指挥家洛林·马泽尔从小酷爱音乐，对音律、音色敏感，善记乐谱，他虽在逻辑思维上不及有些孩子，但是在音乐智力上却早就显示出了非凡的才华。他通晓音律，善记乐谱，显示出一个有成就的音乐家所必须具备的才能，很早就开始了自己的指挥生涯。

科学家爱因斯坦小时候并不出众，但是他喜爱思考和探究问题，经常一个人长时间地蹲在灌木丛里，用手抚摩着小叶片，或凝视着来去匆匆的蚂蚁。5 岁时，他发现罗盘一直指着固定的方向，感到非常好奇，他在后来的回忆中说，他当时意识到"事物的背后隐藏着某种深刻的东西"，一连几天玩这个罗盘，还纠缠着父亲，问了一连串问题。

孩子的天资与生俱来，是宝贵的财富，要尽早加以识别，因材施教，这就可以使这种宝贵的资源得到充分的开发。虽然像彼得森、马泽尔和爱因斯坦这样的人不多，堪称是难得的天才，但是不少孩子在某一方面或几方面是有长处的，可以而且应该给予重视和开发。

了解孩子的天资

哈佛大学霍华德·加德纳教授曾提出过多元智能理论，他将人的智能分成语言智能、逻辑数理智能、音乐智能、空间智能、身体运动智能、人际关系智能、内省智能和自然智能等，他认为人与人之间是不相同的，要运用发挥每个人长处的方式去发掘各人的大脑潜能，这是培养人的好办法。

每个孩子都有相对的长处和短处，早期识别孩子的长处，有益于有针对性地培养，不至于浪费了孩子的天资。

以下 20 种表现可帮助父母大致了解自己的孩子在哪一方面或者哪几方面富有天资，可以用"是"与"否"来记录孩子是否有下列表现：

（1）孩子擅长背诗和记忆电视中的台词。

（2）孩子注意到你的忧喜。

（3）孩子常提出"时间从什么时候开始"这一类的问题。

（4）孩子很少迷路。

（5）孩子喜爱手工。

（6）孩子唱歌不走调。

（7）孩子常问雷电是怎么回事、为什么会下雨等问题。

（8）你在一本常念的故事书中念错字，你的孩子会给你纠正。

（9）孩子学系鞋带异常容易。

（10）孩子特别喜欢扮演角色和化妆演戏。

（11）乘车外出时，孩子常常记得路标并指出："这地方我们 xx 时候到过。"

（12）孩子喜欢听不同的音乐，并很容易分辨是哪种乐器的声音。

（13）孩子地图看得很少，但能分清楚地图上的地点。

（14）孩子擅长组装。

（15）孩子喜欢把玩具按大小、颜色分放到各个位置上。

（16）孩子能将感情和动作配合起来。

（17）孩子喜欢讲故事，而且讲得很好。

（18）孩子喜欢对各种声音发表评议。

（19）当把某人第一次介绍给你时，孩子会说："他给了我一个如此这般的印象。"

（20）孩子擅长模仿和表演。

可将这些表现分成 7 组，如果对任何一组的 3 种表现的回答都是"是"的话，那么说明孩子在相应的这一方面可能有比较强的能力，即比较有这方面的天资，可以从这个方面入手对孩子进行培养：

问题（1）、（8）和（17）说明孩子有语言天资；

问题（6）（12）和（18）说明孩子有音乐天资；

问题（3）、（7）和（15）说明孩子有逻辑数理天资；

问题（4）、（11）和（13）说明孩子立体感强、空间感觉好；

问题（5）、（9）和（14）说明孩子心灵手巧；

问题（10）、（16）和（20）说明孩子喜欢戏剧表演；

问题（2）和（19）说明孩子比较了解别人。

不要浪费了孩子的天赋

北宋的王安石写过一篇题为《伤仲永》的文章，写的是他亲身经历的事情：

金溪有个叫方仲永的人，从小天资聪慧，才5岁时就会写诗，诗的文采和蕴含的道理都引得大家赞赏，使大家都感到非常惊讶。方仲永的父亲认为这有利可图，就天天带着方仲永四处拜访同县的乡亲，让人花钱求取仲永的诗，而没有抓住时机让他继续去学习。等他长到12岁时，王安石见到这个孩子，看到他写出来的诗已经不能与他以前写的相比了，又过了七年，当王安石再次问及他的情况时，被告知方仲永的才能已经消失殆尽了，与普通人没有什么区别了。

方仲永的通达聪慧，是先天得到的，他的天资比一般人优秀得多，但他最终成为一个平庸的人，是因为他后天所受的教育没有能够及时跟上，他的天资被荒废了。

早期识别孩子的天资，抓住机缘，因材施教，发挥长处，因势利导，这是幼儿家庭教育的"金科玉律"之一。

应培养的品行

引言

　　家庭教育是培养孩子的事情，首先要关注的问题应该是要让孩子学会做人。本部分罗列了"爱国""善良""富有创造性""懂得礼仪""诚实不欺""言而有信""勤学敬业""甘于平凡""节俭"和"坚强意志"等十个方面，作为孩子做人应有的品德和行为。

他年能爱国，才是好儿孙

　　热爱祖国，这是一种最纯洁、最敏锐、最高尚、最强烈、最温柔、最有情、最温存、最严酷的感情。一个真正热爱祖国的人，在各个方面都是一个真正的人。

做善良的人

　　知行合一：无善无恶是心之体，有善有恶是意之动。知善知恶是良知，为善去恶是格物。

珍惜孩子的创造性思维和行为

　　正是童年期的幻想，引发、形成了以后所有的创造性活动。

知礼、达礼、崇礼、用礼

　　以培养孩子"谦恭敬重"的心态为本，以规范孩子家庭日常起居为切入口。

诚实不欺，可以走遍天下

宁吃老实亏，不装"聪明"人。

遵守诺言，言而有信

追求真诚是做人的法则，做人不讲诚信，是不可能感动别人的。

勤学与敬业

书山有路勤为径，学海无涯"乐"作舟。

甘于平凡，乐于平凡

人可以平凡，但不能平庸；要与平凡为友，与平庸为敌。

节俭永远不会过时

俭是福之本，奢是败之根；要静以修身，俭以养德。

意志是磨砺出来的

钢铁经由过千锤百炼，既是坚硬的，又是富有弹性的。

他年能爱国，才是好儿孙

他年能爱国，才是好儿孙

我国近代的实业家张謇先生一生不仅自己热爱祖国，而且从小教育子女和孙辈以爱国为志。

在儿子刚刚能看书时，张謇就以商务印书馆出版的《爱国二童子传》作为儿子的启蒙教材，给儿子灌输热爱祖国、振兴中华的思想。

在孙子刚满一周岁的那一天，他特地让人买来了许多文具、玩具，摆在孩子的面前，并将一面醒目的旗帜放在文具和玩具当中，让孙子挑选。根据当时的风俗，在那一天孩子拿了什么，就预示孩子今后的专长是什么，因此张謇非常认真严肃地看待孩子的选择。孙子似乎懂得爷爷的意思，其他东西都不取，只拿了那面旗帜，并把它高高地举过头顶，而这面旗帜正是当时的政府使用的旗帜。张謇见了高兴极了，两眼淌下了热泪，双手将孙儿高高举起，随后当场挥毫写下了这样的诗句："他年能爱国，才是好儿孙。"

张謇将热爱祖国、振兴中华的思想和情感作为培养孩子的首要目标，并身体力行，从小就开始对孩子进行热爱祖国的熏陶，这是难能可贵的。

为我是中国人而自豪

对小年龄的孩子实施爱国教育，不是直接向他们传递抽象的爱国主义概念，也不是刻板地告诉他们什么是爱国主义行为，而是通过各种感官刺激，激发孩子热爱家乡、热爱祖国的情怀，增强他们的内心体验。

苏联教育家苏霍姆林斯基曾说过："热爱祖国，这是一种最纯洁、最敏锐、最高尚、最强烈、最温柔、最有情、最温存、最严酷的感情。一个真正热爱祖国的人，在各个方面都是一个真正的人。"苏霍姆林斯基所谓的八个"最"，将爱国的情感推向了人类情感的最高点，并隐喻了爱国主义教育的主要途径是情感教育。

爱国诗人陆游在八十五岁那年卧病不起，在临终前，给儿孙们写下了《示儿》这首绝笔诗，期盼自己的儿孙们记住他的嘱咐。

死去原知万事空，但悲不见九州同。

王师北定中原日，家祭无忘告乃翁。

陆游一生致力于抗金斗争，一直希望能收复中原，虽频遇挫折，却仍未改初衷。从诗中，可以领会到诗人的爱国激情是何等的执着、深沉、热烈、真挚，达到了情感的最高点。《示儿》相当于陆游的遗嘱，也是他发出的最后抗争号召。在这首诗中，陆游表达了生前不见九州同而死不瞑目的悲哀心情，以及渴望收复失地的坚定信念，期盼的是在家祭时儿孙们能将北定中原的喜讯告知自己。

朱自清在评价《示儿》这首诗时认为，"过去的诗人里，也许只有他才配称为爱国诗人"。这首诗真情流露，可泣鬼神，催人泪下，发人深省，为爱国主义教育提供了不可多得的诗歌素材。

在对孩子实施爱国主义的情感教育时，要达到苏霍姆林斯基所说的高度并非一蹴而就的，而是需要慢慢熏陶、历练、积累而成的。

中华民族是一个伟大的民族，我们的祖先创造了光辉灿烂的文化，留下了许多举世无双的瑰宝。我们的祖国有数千年文字可考的历史，民族和睦，人民勤劳。当今，中华民族正在复兴，中国正在崛起，这一切足以让每一个炎黄子孙引以为豪。

可以设想，如果我们将孩子培养成为没有历史，没有祖先的"世界孤儿"，认同"外国的月亮比中国的圆"，那将是教育最大的失败。

做善良的人

屈原发米的故事

在战国时期，诸侯之间经常打仗，老百姓的生活饥寒交迫，时有沿街乞讨、啃树皮、食观音土者。儿时的屈原看到了这样的情景，不禁伤心落泪，想用一些办法让大家能吃上饭。

一次，他看到一个叫米仓口的地方，有一块大石头，石头上有一个小洞经常往外流沙子。他灵机一动，觉得有办法了。

有一天，有人发现那小洞里流出来的不是沙子，而是白花花的大米，他们赶紧把大米弄回家，美美地吃上了大米饭。

这件事儿很快就在乡亲中传开了，大家都觉得很奇怪：米仓口石头上的小洞里怎么会流出大米来呢？

一个夜晚，几个人悄悄地来到那块大石头旁边，仔细地看着周围的动静。天蒙蒙亮，忽见有个人朝这儿走来，身上背着一个大口袋。等到那个人走到大石头跟前，这几个人才看清那人原来还是个孩子。小孩把口袋放在地上，喘了口气，就把口袋里的大米往连通小洞的大洞里倒去，然后转身就走了。这几个人认出了那个孩子就是屈原。

而屈原的爸爸发现家里的大米一天比一天少了，他还发现了屈原在家里粮仓取米的事。

屈原的爸爸没有责怪他，反而高兴地说："孩子，你做得很对！"他还对屈原说："孩子，你想过没有，就是你把家里的大米全都背走，能让所有的人都吃饱饭吗？现在你还小，应该好好读书，长大以后治理好自己的楚国，大家不就都能有饭吃了吗？"

从那以后，屈原更加用功读书了。

爱国诗人屈原悲天悯人的情怀早已流传千古。由小的行善转为大的行善，屈原自幼就有为他人奉献善意的心，以后才会有其成人后为社会造福、为国家献身的行为和精神。

人之初，性本善

善是什么？孩子的善在哪里？一个故事就会让人想得明白。

一位年仅 20 岁的埃及导演，制作的一部 6 分钟的微电影《另一个鞋》（The Other Pair），全片没有一句台词，却感动了很多观众。

电影讲述的是在火车站，两个同一年龄、不同身份的孩子，因为鞋子而发生的故事：

一个穷孩子坐在墙角，对着自己那双破旧的鞋发愁，父母忙于生计，顾不上他的鞋还能不能穿，也没有钱给他买新鞋。他正发着呆，不经意地看到了人群里闪现着一双铮亮的黑皮鞋，一个富孩子正边走着路、边擦拭着鞋。看着那双闪着光亮的黑色皮鞋，穷孩子的眼神里充满着羡慕、渴求和向往。

就在这个时候，火车马上就要开动了，富孩子的爸爸拉着他拼命往前挤。情急之中，富孩子的一只鞋子从脚上被挤掉了，他想回头去捡，可是车子已经启动，他只能上了火车。

这只鞋居然神奇般地"跑"到了穷孩子身边。他愣了一下，赶紧跑了过去，双手小心翼翼地将这只鞋捧起。只见他没有丝毫犹豫，立即跟着已经开动的火车追了上去，想把东西物归原主。

穷孩子跟着火车跑了好一阵子，气喘吁吁，而火车则渐行渐远，渐行渐快了。

富孩子也很着急，努力伸手去够那个鞋，恨不得从火车上跳下，去取回自己的鞋。

看来，两个孩子的努力都是白费的。

就在这个时候，富孩子做了一件让人意想不到的事：他把自己脚上穿着的那只鞋脱了下来，并扔下了火车，他仿佛在对那个素不相识的穷孩子说："感谢你光着脚跑了这么远的路。这双鞋是我的宝贝，但是既然我再也没法得到，就把它送给你吧！"

这部微电影，用画面替代说教，让人从两个孩子的举动中看到了人天生就有能够区别善恶的良知，这是人的本性。也看到了出自他们本性的善良有多美：如果不是我的，我会把我得到的还给你；如果我无法得到，我会把我有的送给你。善良，是世界上最美的成全，穷孩子追赶着还鞋，是对富孩子的成全；富孩子放手送鞋，是对穷孩子的成全。

一双鞋，串起两颗最纯美的童心，有一种力量——善良，发生在"舍"与"得"之间。既然无法成全自己的朝阳，又何不送他人一片晴空。

人都是相互的，当善良遇见善良，就会开出世界上最美的花朵。

有了善，做人时就会懂得贫穷时该有所坚守，富有时要慷慨施舍；有了善，做人时帮助别人，别人也会帮助自己。要心存善念，要多为他人着想，世界就会因此更美好。

格物致良知

明代心学家王阳明有过一段反映他"心学"的论述："无善无恶是心之体，有善有恶是意之动。知善知恶是良知，为善去恶是格物。"这段话的意思是："心，原本没有善恶之分，一旦有了善恶之分，说明人的心动了。能区分善恶是因为人有了良知，懂得了什么是善什么是恶，修习善、去除恶，那就是格物。"王阳明"心学"的要旨就是"格物致良知"。

有光明的地方必然有阴影，有阴影的地方也必然有光明。阴影是邪恶的存在，光明则是善良的表征，善与恶同时存在于人的身上，人需要通过正心、修身，去恶从善。

"人之初，性本善"，千百年来，我们的先人相信人出生之初，禀性都是善良的，天性也都相差不多，只是后天所处的环境和所接受的教育不同，彼此的习性才会在善恶之间出现很大的差别。

教育孩子要善良，应该从小开始，并不断积累，成为德性，否则善良的本性就有可能变成邪恶。具体地说，教育孩子就应该这样：哪怕是一点坏事都不要让他去做，无论是多么微小的好事，只要能给别人带来方便和好处，就要鼓励他去做。要让孩子怀着一颗善良的心，多做好事，这样孩子会感受到其收获的不仅是别人的感激，还有自己内心的安宁。

有的家长生怕孩子吃亏，相信的是"人善被人欺，马善被人骑"。其实，孩子在成长的过程中吃不得亏，家长不让孩子吃些亏，都是"顾小不顾大"的想法和做法。善良，就是友善待人，就是让别人在无助时得到一点支援，在失意时得到一句安慰，在痛苦时得到一丝安抚，看来可能会失去一些什么，但是得到的却是弥足珍贵的品质。

教育孩子要有善心，父母还需要有方法，好的方法才能让孩子内心善良的源泉汩汩地涌出，奔流不息。

另有一个视频不仅让人明白要帮助别人需要保护他的尊严，而且告诉大家要注意保护孩子的善良，明白善良是孩子内心的需求，因为他们不图回报。

午餐时分，饿坏了的孩子们都拿出了自己的饭盒，准备美美地饱餐一顿。有一个小男孩也拿出了饭盒，但是他的脸上露出的却是忧愁和尴尬，因为他知道自己的饭盒里空无一物。

他走出了教室，假装要去上厕所。他慢慢地穿过了宁静的走廊，来到饮水机旁。他大口大口地喝水，喝完后又在窗边站了一会，想等到同伴们快吃完后再回到教室去。

小男孩回到了教室，准备收起空饭盒，就在那一刻，他发现了自己的饭盒里面装满了食物。

他疑惑地环顾四周，所有的孩子都跟平时没什么两样，也没有人过来跟他说些什么，似乎什么都没有发生。

这个家境贫困的小男孩为了自己的面子，每天带着空饭盒到教室里来。他的同伴们看在眼里，但谁都看破不说破，偷偷地往他的饭盒里塞满食物。

愁眉苦脸的小男孩终于露出了笑脸。

珍惜孩子的创造性思维和行为

创造离模仿似乎只有一步之遥

在古埃及，人们就已会借助不停转动的一连串水斗把水打上来灌溉田地。1783 年，英国的爱文思将这种原理运用到了制粉厂的谷物搬运上。用同样的方法搬运固体，这种想法并不复杂，但是之前谁也没有去想过，或没有去做过。爱文思在液体和固体之间建立了类比关系，将运送液体的方式运用在运送固体之上，大大地提升了人们搬运面粉、黄沙、石子等物体的能力，这不能不被认为是一种了不起的创造。

人们不止一次地看到从悬崖峭壁上落下的两块不同体积的石头同时落到峡谷底部，但是从亚里士多德以来，人们一直相信自由落体的下落速度与其重量成正比。直到 1590 年，伽利略手持铅弹头和铁球登上了比萨斜塔，使人们看到两个不同重量的物体同时落地，才改变了传统的看法。伽利略的这个实验简单到了不能再简单的程度，许多人也许在他之前都做过类似的事情，但是在那么多年中，谁都没有像伽利略那样去思考过这个问题。可以这样说，自由落体的规律是伽利略对物理世界的一个重大的创造性发现。

英国作家约翰生说过："目前尚无人以模仿而变成伟大的人。"即使你能很成功地模仿一个很有成就的人，但你的脑袋充其量只能作为别人的跑马场。未来社会需要的是那些能以自己独特的、新颖的思想或产品给社会带来新的价值的创造型人才，而不是墨守成规、按部就班的庸人。

但是，应该看到爱文思和伽利略的创造与发现离模仿别人只有一步之遥，这并非只是偶然事件，并非只是简单地模仿别人就能获取成功的。爱文思和伽利略具备了创造型人才所具备的一些心理品质，跨出了与众不同的那一步，才使他们能够完成这类创造和发现。

童年，是最富有创造力的时代

创造型人才的优良心理品质在幼儿期就应被珍惜，就应开始培养。

文艺复兴时期的画家达·芬奇说过，他在幼年时总觉得家里墙壁上的污迹和裂纹就像是魔女在飞舞，像是奇形怪状的动物在格斗。

法国人路易·布莱尔在童年时代就注意到盲人读的书很笨重，摸索阅读时常出差错。后来，他就创造性地编出被后人称为"布莱尔"的盲文，至今仍被世界各地广泛采用。

童年，是富有创造力的时代，正如有位叫考伯的心理学家所说："正是童年期的幻想，引发、形成了以后所有的创造性活动。"

在一张白纸面前，孩子往往不受时空关系的束缚，没有绘画技法的清规戒律的制约，也不顾客观情理的限制，生活中的真实感受和虚幻的梦境，在他们的笔下都被创造成为富有情趣的画卷。有谁想过，到弯弯的月亮上去荡秋千，悠悠自如，敢与星星试比高？又有谁想过，骑在千斤重的大肥猪身上燃放鞭炮，庆贺又一个丰收年？成人感到不可思议或者难以想象的事，在孩子的创作中都司空见惯，屡见不鲜。

很多孩子自己讲出的故事在成人眼里似乎缺乏内在逻辑性，但却是孩子凭着自己的感受能力和想象能力想象出来的富有创造性的故事，充满了童趣。

每个孩子都有创造的潜力。与青少年和成人相比，幼儿突破已有经验束缚的新想法，在丰富程度上占据着优势。因此，有人不无感慨地说，幼儿期孩子的创造性思维和行为应该受到珍惜，而且幼儿期是对孩子进行创造性教育的好时机。

创造力是最容易受到压抑和挫伤的能力

一个孩子在画画，画的是一艘轮船在大海里航行。在一片湛蓝的海水中，孩子用红色蜡笔涂了一团团红色的圆圈。妈妈说："你真笨！海水怎么会是红色的呢?"孩子不假思索地回答:"海里有一条大鲨鱼被打死了,它流了很多血。"妈妈却说:"你胡说!"

这位母亲轻易地否定了孩子的这幅富有想象力和创造性的作品,伤害了孩子的创作积极性。

的确,创造力是一种最能丰富和超越一般成就的能力,但也是最容易受到压抑和挫伤的能力。成人往往并不喜欢孩子的创造性探索,而喜欢孩子循规蹈矩。

心理学家托兰斯曾经列举了84种个性特征,这些特征可以用于区分富有创造性的人和缺乏创造性的人。

他发现,具有创造性的幼儿虽然具备许多讨人喜欢的品质,诸如有好奇心和丰富的感性知识、敢于冒险、有幽默感等,但是也有不少不讨人喜欢的性格特征,如执拗、挑剔、骄傲自满、不易满足等。在他们产生或者坚持一种新的想法时,这些不讨人喜欢的特征有时有其积极的价值,但却不容易被人理解和接受。

美国舞蹈家邓肯曾说过:"我相信,不论孩子将来要干什么事业,应当从小做起。真不知还有多少父母能够认识到他们给予孩子们的所谓'教育',只是迫使子女陷入平庸,剥夺他们创造美好事物的机会。"

未来的社会需要的是具有创造性的人才。为了使孩子在未来世界中不陷入平庸,父母不应去压制和挫伤孩子创造的积极性,剥夺孩子的创造机会,而要理解孩子,启发和鼓励孩子的求异思维,充分发挥他的创造性思维和行为。

知礼、达礼、崇礼、用礼

不学礼，无以立

中华传统文明特别重视"礼"，从古至今，我国历代圣贤无不重视礼教，以此培养人文素养。

在中国古代，"礼"是作为中国社会的道德规范和行为准则的，对社会和谐与稳定起着积极的作用；在当今，在中华礼仪文化传统的基础上，根据时代的变迁，"礼"被不断地赋予了新的意义，成为了全民提升人文素养的切入口。

对孩子的教育，可从"礼"字入手，让孩子做到知礼、达礼、崇礼、用礼。

孔子说过："不学礼，无以立。"说的是，不学会礼仪礼貌，就难以有立身之处。

"礼"的内在规则是有序有位、平等对等、施报双向。

"礼"的外在行为表现是礼貌、礼节、礼仪，礼貌是"礼"的行为规范，礼节是"礼"的惯用形式，礼仪是"礼"的较隆重的仪式。

"礼"的表现是人在处理与他人关系时所表现出来的对人、对事的尊重、敬意和友好。"礼生敬，敬生情，敬情生神圣。"礼所产生的敬，可移于工作、学习、待人，敬业、敬事、敬人、受敬，人一旦失去了礼仪、仪式，就没有了敬，凡事若不敬，就会失却人品，就会降低人格、国格。知礼者知理，有礼者有理，合礼就是合理。

儒家学说主张"克己复礼"。宋代儒家理学派的朱熹认为："克己"的真正含义就是战胜自我的私欲，这里的"礼"不仅是具体的礼节，而且泛指天理，"复礼"就是应当遵循天理，这样自然就达到了"仁"的境界。

关于克己复礼，有一个经典的故事：

一次，孔子的弟子颜回请教孔子如何才能达到仁的境界，孔子回答说：要努力约束自己，使自己的行为符合礼的要求。颜回又问，具体应当如何去做呢？孔子答道："不符合礼的事，就不要去看、不要去听、不要去说、不要去做。"颜回听后对老师说："我虽然不够聪明，但决心按照先生的话去做。"

谦恭敬重为本，规范细节为实

"昏定晨省"是一句成语，现在已经很少有人去用它了，这个成语出自《礼记·曲礼上》："凡为人子之礼：冬温而夏清，昏定而晨省。"指的是旧时子女侍奉父母的日常礼节，即晚间服侍父母就寝，早晨向父母请安。

据说，周文王做世子的时候，每天去朝见他的父亲三次：清晨到父亲的门外问安，正午和傍晚也这样做，生怕父亲身体不舒服，或父亲的饮食不可口。他的礼数传承了下来，可谓是"一家仁，一国兴仁；一家让，一国兴让"，带动了全国的礼让，致使周朝能绵延近八百年，成为了中国历史上延续时间最长的王朝。因为周文王有这样好的礼数，周朝一直以来都很昌盛，而他所做的这类"昏定晨省"的家常事，人人都应该做，且都能做得到。

虽然，当今似乎已经没有必要按照"昏定晨省"的方式去要求孩子，但是对孩子"礼"的教育其实还是不可或缺的。要以培养孩子"谦恭敬重"的心态为本，以规范孩子家庭日常起居为切入口，抓细节，形成习惯，养成习性。

晨省：
• 正点起床，向父母、长辈请安问候。
• 自己整理床铺。
• 认真盥洗（刷牙、洗脸、梳头等）。
• ……
昏定：
• 向父母、长辈道晚安。

- 认真盥洗（刷牙、洗脸洗脚、洗袜子等）。

- 铺放床被。

- 自己脱下的衣服依次叠好放在身边。

- 入睡前不再讲话。

- ······

吃饭：

- 饭前布置桌椅，拿碗筷，端菜等。

- 请父母、长辈先入座。

- 碗应端至平胸，左手四指并拢，大拇指宜压在碗沿，掌心端平。

- 吃饭时不东张西望，不张大嘴，不发出响声。

- 不边吃饭边闲谈，如需发言，应待口中饭菜咽下。

- 咳嗽须转身向后。

- 不掉饭菜。

- 每次夹菜适量，夹菜时不直接入口。

- 饭毕碗中须不留饭菜。

- 出入座位不碰响桌椅，退席问候，如："大家请慢用！"

- ······

穿衣：

- 脱换衣服、鞋袜后立即整理（或洗或放置于固定位置上）。

- 侧身整理衣冠，不面向他人。

- ······

行立坐卧：

- 站立时两脚自然站直，不跛脚，不靠椅。

- 身体自然坐直，两脚打开与肩同宽。

- 直立或端坐时胳膊不趴在桌子上，手不托腮，不伸足，两腿不敞开，腿脚不颤动，不交叉，不跷二郎腿。

- 行走时步履要稳重，目向前视。

- ······

人与人之间交往的润滑剂

礼仪是人与人之间交往的润滑剂，体现了一个人的道德修养和人品内涵。对孩子"礼"的教育，不仅只是限于家庭日常生活中的礼仪，也包括教育机构礼仪和公共场所礼仪等两个方面，而这两方面的礼仪，更多涉及的是孩子自己家庭以外的人，涉及与更多人之间的关系。

孩子是在与人交往的过程中学习"礼"的，他们会逐渐知礼、达礼、崇礼、用礼，并慢慢融入社会。

进入幼儿园生活和学习的孩子，入园、排队、升旗、阅读、倾听、户外游戏、节日庆祝、离园等活动中都蕴含着礼仪教育；这些孩子也会进入公共场所，乘车、游园、观看表演等活动中也都有礼仪教育。

在幼儿园：

- 对在幼儿园门口迎接的教师鞠躬问好。

- 升旗时立正，行注目礼。

- 不争夺玩具，需要他人的玩具时说"麻烦你""谢谢"。

- 用餐、游戏等依次排队，不推不挤。

- 进教师办公室前先敲门，征得同意后才进入，进入后不随便翻东西。

- 在户外游戏时爱护树木，不随便摘花，不践踏草坪。

- ……

应对家庭来客：

- 向来客问好；客人走时送至门口并道别。

- 为客人端茶倒水，敬茶果，先给不认识者，后给熟悉的人。

- ……

去做客：

- 去他人家做访客，敲门时轻叩门三下，不闻再敲。

- 做客时不高声说话或喊叫，未经许可不动别人的东西。

- 与他人谈话时目视对方，不左顾右盼。

- 长者给予赠物时须双手奉接。

- ……

在公共场合的言语：

- 请别人帮助时出言要柔和谦下，如："请帮个忙，可以吗?"

- 请别人帮助时要道谢，如："多谢!""太感谢您了!"

- 冒犯别人时要立即致歉，如："对不起!""真不好意思!"

- ……

诚实不欺，可以走遍天下

选个诚实的孩子做王位继承人

传说在很久以前，有一个国家的国王因贤明而深受国民爱戴，可是他年事已高，又没有孩子，就决定从老百姓中找一个诚实的孩子做自己的继承人。

一天，他让人给一些孩子每人发一粒花的种子，并当众宣布："谁能用这粒种子培植出最美丽的花朵，谁就可以做王位的继承人。"

孩子们都梦想做王位继承人，因此都种下了种子，从早到晚，浇水、松土、施肥，精心地培植自己种下的花。

有一个男孩也在家里种下了发给他的种子，但是好多天过去了，花盆里仍不见动静，他扒开泥土一看，种子依然如旧，没有发芽。他很难过，便去问母亲这是怎么回事，母亲说："你不妨将花盆里的土壤换一换，再试试看。"男孩按照母亲的建议，换了新的土壤，播下了那粒种子，又过了好多天，还是没有发芽。

到了国王上街看花的那一天，孩子们一个个都打扮得漂漂亮亮的，拥上了街头，各自捧着一个花盆，等候国王观赏，并等待他决定谁将成为继承人。

国王一一观赏了孩子们捧在手中的花盆，盆里的花卉争奇斗艳，令人赏心悦目。但是国王却板着面孔，脸上没有一丝笑容。

突然，国王看见站在一边的男孩，他低着头，流着泪，手里端的是一个空花盆。国王把他叫到了自己的跟前，问道："你的花盆里怎么没有花呢?"

男孩一边流着泪，一边说出了他培植这粒种子的经过，然后，他沮丧地说，这粒种子之所以不发芽、抽枝、长叶和开花，一定是因为他曾在别人的苹果园里偷过一个苹果的报应。

国王听罢，高兴地拉着男孩的双手，当众大声宣布："这就是我选中的继承人。我发给大家的都是煮熟了的种子，它们根本就不可能发芽，也不可能开花。在所有的孩子中，只有他才是诚实的。"

听了国王的话，其他的孩子一个个都羞得无地自容，捧着自己的花盆偷偷地溜走了。

孟子说："是故诚者，天之道也；思诚者，人之道也。至诚而不动者，未之有也；不诚，未有能动者也。"意思是："诚，是上天的准则；追求诚，是为人的准则。极端诚心而不能使别人动心的，是从来没有的；不诚心，则从未有过能感动人的。"男孩的诚实、诚信，能让国王动心，终于使他"诚者为王"。

即使说真话也无人相信的人

《狼来了》的故事几乎家喻户晓，是家长教育孩子不要说谎时常用的故事。

一个牧童在山上放羊，他想跟别人开个玩笑，于是他对着山下的村庄大声呼喊："狼来了！狼来了!"山下的农民信以为真，一个个都拿起了棍棒，急匆匆地赶到山顶上，那孩子却说："我是叫着玩的，狼没有来。"

过几天，那个牧童又大声呼喊起来："狼来了！狼来了!"农民想，要是狼真的来了，就会把羊叼走的，救羊重要，于是他们再次赶到了山上，结果还是扑了个空，那个孩子又骗了他们一次。

又过了几天，牧童第三次大声疾呼："狼来了！狼来了!"农民没有人再相信牧童求救的呼喊了。这一次，狼是真的来了，并把羊叼走了。牧童伤心地坐在地上大哭起来。

这个故事说的道理，用一句话就能说明白："说谎话的人所得到的，就只是即使说了真话也没有人相信。"

如若一个孩子到了说什么话都无人相信的地步，那么这个孩子就几乎没有了可以正常成长的空间。

宁吃老实亏，不装"聪明"人

"诚实的孩子会吃亏吗？"这个本不是问题的问题，而今往往成为了做父母的人心中的困惑。

近些年来，上海社会科学研究院的研究人员曾就这个问题做过两次调查，在未成年人中认为"诚实就意味着吃亏"的人占一半，大多数成年人则认为诚实守信存在不同程度上的吃亏。

社会上坑蒙拐骗等与诚实背道而驰的事情时有发生，看似不讲诚信的人捡了便宜，老实人吃了亏，然而这只是在短时间内所发生的事情，这类事情终将受到道德谴责和法律制裁。

其实，做老实的人最终并不吃亏。

诚实并非"无用"的别称，自古以来，诚实的人一直被认为是可以信赖和结交的人。孔子说："益者三友，损者三友。友直，友谅，友多闻，益矣。友便辟，友善柔，友便佞，损矣。"说的是："有益的朋友有三种，有害的朋友有三种。与正直的人交朋友，与诚信的人交朋友，与知识广博的人交朋友，是有益的。与谄媚逢迎的人交朋友，与表面奉承而背后诽谤人的人交朋友，与善于花言巧语的人交朋友，是有害的。"诚实的人，就是孔子所说的"益者三友"之一。

不诚实的人可以欺人一时，但不可欺人一世，骗人的话一旦被识破，其结果是害人害己。因此，期望让孩子变得"精明""圆滑"，甚至将孩子的说谎看作是孩子应对社会的机灵表现，实际上是害了孩子。

人世间最美的品德之一就是诚实。应从小就注重培养孩子这种品德，宁吃老实亏，不装"聪明"人。

遵守诺言，言而有信

　　有一天，一个幼儿园接到上级通知，说宋庆龄副主席要来看望孩子们，大家兴奋地做好了一切准备。谁知到了那一天，天气骤变，飞沙走石。大家纷纷议论："宋副主席可能不会来了。""也许，要等待风停了再来……"正在这时，只见宋庆龄冒着漫天的沙尘来了。老师们都很感动，一位老师歉疚地说："天气不好，您就改个日子再来嘛！"宋庆龄摇了摇头，认真地说："不，我不能失信，我应该遵守诺言。"

　　讲诚信，是宋庆龄从小就养成的美德。

　　一次，妈妈给小时候的宋庆龄讲了"自食其言"的故事：春秋战国时，鲁哀公身边有个叫孟武伯的重臣，他有个毛病，就是说话不算数，鲁哀公对他很不满意。一天，哀公招待群臣，孟武伯在宴会上借机讥讽大臣郑重："郑先生怎么越长越胖了？"哀公听到后便顺势说道："一个人常常吃掉自己的诺言，自然会长胖的呀！"在座的众大臣一听就知道哀公是指责孟武伯说话不算数。妈妈的故事显然是教育宋庆龄说话要算数，要谨守诺言。

　　一天，儿时的宋庆龄准备到亲戚朋友家做客，她很想去，做好了去做客的准备，刚走到大门，她突然停下脚步。

　　"怎么了，孩子？"爸爸奇怪地问。

　　"我不能去了。我已经答应过小珍，今天上午教她叠花篮。"宋庆龄答道。小珍是宋庆龄的同学。

"以后再教她吧，今天下午，或者明天，不都可以吗？"爸爸说。

"不行不行，我跟她约好的。"宋庆龄忙说。

"不要紧，明天再向她解释一下，要不，道个歉也可以嘛。"爸爸继续劝说着。

"不，你说过，做人要守信用。我不能言而无信。"宋庆龄坚定地说。

宋庆龄送家里人出门后，一个人回到房间里，耐心地等候起来。她一会儿拿起一本书看；一会儿又坐到琴凳上弹钢琴，平时很熟的曲子，今天却总是弹不准。可是，直到全家人吃过午饭回来，小珍也没有来。

妈妈心疼地说："我的女儿一个人在家，多没意思啊！"宋庆龄仰起脸回答道："一个人在家，是很寂寞。可是，我还是觉得很快活，因为我心中很坦然。"

宋庆龄信守诺言，即使空等了一天，也感到心中坦然，这是守信用的表现。

言而有信，童叟无欺

民间流传"郭伋亭候"的故事，说的是即使对幼童也要讲究"诚信"，要"用信任换取信任"，要做到"童叟无欺"。

在汉代光武帝时期，有一个名叫郭伋的茂陵人，在并州做太守官，他对待百姓们素来广结恩德，言出必行，很受百姓们的爱戴和称颂。

一天，郭伋带着一行人行至西河郡城门口，看见几百个小孩骑着竹马正在嬉戏，他们看到官员们来了，便列队相迎，稽首跪拜。郭伋立刻下马还礼，说道："孩子们不必多礼，快快请起，你们在这里干什么呀？"一个孩子回答说："听大人们说郭太守今日前来西河，他们都说您是咱们老百姓的衣食父母，感谢您的大恩大德，特让我们来此恭候!"郭伋心下感叹不已，他拉起了孩子们，并在他们的簇拥之下进了县城。

郭伋在城里处理完事务，准备到下一个县城去巡查。出发那日，刚到城门口，没想到孩子们骑着竹马又来相送，郭伋对孩子们说："我们很快就会回来的。"有个小孩问："郭太守，您哪一天回来呀？我们还要来接您!"郭伋内心很受感动，算了一下行程和办事所需要的时间，便告诉孩子们自己回来的日期。

郭伋巡视得很顺利，比预先告诉孩子们的日子早回来了一天。他突然想起跟孩子们的约定，唯恐失信于他们，就在离城里还有一段距离的野亭里住了一宿。有随从说："郭老爷，我们都已经离县城这么近了，为什么要在这里住呢？再说跟一群孩子说的话，为什么这么当真呢?"郭伋严肃地说："君子言出必行，一诺千金，怎可言而无信！做人要讲信用，只有立信于民，百姓们才相信我们做的事和我们说的话。即使对孩子们说的话，只要约定好了，也一定要做到，不要以为他们小，我们就可以不守信用。他们要从大人这里学习如何做人、如何做事，所以答应他们的事不可马虎!"随从们恍然大悟，点头称是。

第二天在约定的时间，郭伋带着随从们来到城下，孩子们也欢天喜地地如约而至，像见到亲人一般开心。特别是当大家听说郭伋为了守信，在郊外度过了一个晚上，更是从心底里感到敬佩。

孩子们受到了郭伋的尊重，郭伋在孩子们的心里种下了"言而有信"的种子，这会影响他们一生的行为。

说话算话，讲究诚信

诚信中的诚，即真诚、诚实；信，即信任、信用和守信。通俗地说，就是说话算话，言而有信。

诚实守信历来是中华民族的传统美德，儒家学说将诚信看作人立身处世的基点。当今，国家已将诚信作为中国公民必须恪守的基本道德准则。

孔子说:"人而无信,不知其可也。大车无輗,小车无軏,其何以行之哉?"意思是:"一个人不讲信用,是根本不可以的。就好像大车没有车辕、小车没有车軏一样,它靠什么行走呢?"

要让孩子从小就懂得应该做一个讲诚信的人,并在与人相处中学习如何做讲诚信的人。

父母及其他成人的榜样作用是培养真诚、诚实、守信的孩子的前提。宋庆龄的母亲给女儿讲述鲁哀公指责孟武伯说话不算数的故事,郭伋亭候,言而有信,童叟无欺,都是通过言传身教、榜样的力量,在孩子的头脑中嵌入什么是做人的"底线"。

润物细无声,培养讲诚信的孩子,是在琐碎点滴的日常生活中进行的。家长应从小就严格要求孩子说话算话,讲究诚信,不可言而无信,更不可拿别人的东西,不可借别人的东西不还……

勤学与敬业

业精于勤，荒于嬉

在我国古代，儿时勤奋学习，长大后成为国家栋梁之材的事例不胜枚举，"悬梁刺股""凿壁偷光""囊萤映雪""牛角挂书"等这些经典的故事在民间流传，故事中的人物成为了教育孩子勤奋学习的楷模。

东汉时的孙敬，因为怕自己在读书的时候会打瞌睡，就用绳子把头发跟房梁绑在一起，只要一打瞌睡，头低了下来，牵住绳子的头发就会让他因疼痛而清醒过来，接着继续读书。战国时期的苏秦，他为了在夜里发奋读书，一犯困就拿锥子刺自己的大腿，突然的痛感使他猛然清醒起来，振作精神继续读书。这就是悬梁刺股。

西汉时的匡衡，因为家穷，买不起蜡烛。邻家有蜡烛，但光亮照不到他家，匡衡就在墙壁上凿了个洞，引来邻家蜡烛的光亮，让光照在书上读书。这就是凿壁偷光。

晋代的车胤，小时家贫，买不起灯油供他晚上读书。夏天，他在白绢口袋里装了许多萤火虫，用来照明，继续读书。晋代的孙康，也是同样的情况，但一天，他发现冬天雪的反光很明亮，可以用来看书，于是他不顾寒冷，立即看起书来。这就是囊萤映雪。

隋朝的李密，家境贫寒，但他喜欢读书，从不浪费可以用来读书的点滴时间。一次，李密骑着牛出外，就把一套书挂在牛角上，从中抽出一本，坐在牛背上边赶路边读书。大臣杨素看到了后，欣赏他的好学，并让自己的儿子与他深交。这就是牛角挂书。

这些故事都叙述了一些古人勤奋学习的事迹，告诉人们"自古圣贤盛德大业，未有不由学而成者也"，只有付出，才有回报。学习要有毅力，要有恒心，即使受到挫折，也要继续努力，不可半途而废。

这些故事也都暗喻了古人儿时勤奋学习与成人后敬业之间的关系，告诉人们"立身百行，以学为基"，只有"勤学笃行"，才能"爱岗敬业"。学习是无止境的，学问的精深是由勤奋而得来的，"少壮不努力，老大徒伤悲"。

要"勤学"，也要"乐学"

"书山有路勤为径"，讲的是要"勤学"，这是人学习的一种精神、态度和意志，也是一种路径。

"书山有路勤为径"的下句按理说是"学海无涯苦作舟"，这通常指的是人学习的方法，如若将它改为"学海无涯乐作舟"，那么学习就可以由"苦"变成"乐"了。

"苦"和"乐"是心理感受，而非客观标准。

孩子的学习有三种不同的状况："知道—喜欢—乐在其中"。"知道"偏重理性，是低层次的学习，孩子可能处于被动的学习状态。"喜欢"则会触及情感，对学习产生一定的兴趣，喜欢学就学，不喜欢就放弃，不一定能够长久。"乐在其中"才是"乐学"的最高境界，孩子会投入学习，陶醉于学习，没有苦和累的感受。

古希腊哲学家苏格拉底用非常简单的方法，告诉他的学生如何可以找到快乐：

> 一群学生在到处寻找快乐，却遇到许多烦恼、忧愁和痛苦。
>
> 他们向大哲学家苏格拉底请教："老师，快乐到底在哪里？"苏格拉底说："你们还是先帮我造一艘船吧！"
>
> 这群学生暂时把寻找快乐的事儿放在一边，找来造船的工具，用了七七四十九天，锯倒了一棵又高又大的树，挖空树心，造出一艘独

木船。独木船下水了，他们把苏格拉底请上船，一边合力划桨，一边齐声唱起歌来。

　　苏格拉底问："孩子们，你们快乐吗？"他们齐声回答："快乐极了！"

　　苏格拉底说："快乐就是这样，往往在你为着一个明确的目的忙得无暇顾及其他东西的时候，它就突然来访。"

　　如果将苏格拉底的这个故事用于教育，那么他的话无非说的是："当你在为一个明确的目的学习，忙得无暇顾及其他的时候，快乐就自然来了。"

　　当然，"学海无涯乐作舟"，将学习由"苦"变成"乐"，还要讲究具体方法，在"玩中求学"，在"学中求乐"，特别是对于小年龄的孩子，更是这样。

勤学、乐学，还要善学

　　《学记》中说道："善学者，师逸而功倍，又从而庸之；不善学者，师勤而功半，又从而怨之。"说的是：善于学习的人，教导者费力小，而自己收到的效果却很大，这要归功于教导者的教导有方。不善于学习的人，教导者费力大，而自己的收获却很小，学习者会由此埋怨教导者。

　　要培养孩子成为善学者，这样的父母才能从根本上解决孩子学习的有效性问题，做到"事半功倍"。

　　"玩"和"学"是孩子的天性，让孩子"玩中求学""学中求乐"，这是培养善学者的好办法，因为它着眼于培养孩子学习的主动性，有益于激发孩子的好奇心，并关注让孩子从小形成良好的学习态度和习惯。

　　许多从小会玩的孩子，常常就是善学者。

　　玩，是孩子自己想做的事情。孩子天生就会玩，不用成人去教。正因为这样，孩子在玩的过程中是最为主动的、积极的和放松的，因此也是最快乐的。在玩的过程中，有许多孩子可以学习的东西，在玩的状态下，孩子是在主动地求学，而非被动地被要求着学。

　　玩，是孩子自己选择的事情。孩子会选择自己感兴趣的东西去玩，在探索的过程中充满了好奇，发挥了想象，迸发了创造，在自由的时空中，尽情地享受世界给他们带来的美妙。在玩的过程中，孩子会提出各种各样的问题，他们以与科学家和艺术家相似的方式追求着真理、追求着艺术。

　　玩，是孩子自发做的工作，并在做的过程中逐渐养成了习惯，形成了态度。习惯一定是一种稳定的、自动化的行为，由主动学习而形成的习惯，对于学习会起到如虎添翼的作用，学习也会给孩子带来无限的快乐。

　　但是，让孩子在成人的帮助下去玩、去学，常常会比只是让孩子完全自由地去玩更有益于孩子的学习，其条件是：成人要懂得如何去帮助孩子，而且提供的帮助是有意义的。

甘于平凡，乐于平凡

甘于平凡，在平凡中求得自身的价值

望子成龙，望女成凤，许多一生过得很平凡的人，但都期望自己的孩子长大以后成为不平凡的"龙"和"凤"。

人们经常会不顾一个事实，那就是平凡地度过自己的一生对于大部分人而言是一个大概率事件。人们生活的变化是缓慢的，今天与昨天似乎没有什么不同，明天也可能和今天一个样；只有少数的人才会活得"不平凡"，而且其中相当部分的人，一生也可能仅仅只有那么一两个"辉煌"的瞬间。

激励并帮助孩子走出平凡，成为不平凡的人，这固然不错，但是要清楚做不平凡的人是要随时准备经受磨难的，是要有非常人所具有的精神和毅力的，也要清楚做不平凡的人主要不是靠父母激励和帮助获得成功的，而是靠自己的努力有所成就的。

告知孩子要甘于平凡，甘于一生都在平淡无奇中度过，不要因为好高骛远而折腾自己，而要在平凡的生活中求得自身的价值。

大多数人的一生都是到了中年才会明白人生究竟是什么，于是不再责怪时运不济或社会不公，也不再自责志大才疏或贪图安逸，开始满足于做好当前的工作，家庭和睦，家人平安，一日三餐，柴米油盐，心安理得地认定"平平安安就是真"，平凡而又平淡的日子何尝不是幸福的生活。

大部分孩子必将平凡，并为平凡生活付出自己的努力，而且大部分做父母的人已经接受了自己的平凡，由此，更没有理由去要求孩子一定要做不平凡的人。

平凡孕育着伟大，平凡铸就着伟大

平凡，是相对于伟大而言的，然而平凡孕育着伟大，平凡铸就着伟大。这样的话，看似在"唱高调"，却是真理，关键在于自己如何去看待平凡。

一朵朵花朵，组成了一片花的汪洋，红的像火，白的若雪，蓝的似海，粉的如霞，给世界带来了灵性，给天空带来了芳香，给大地捎来了动感，给人类带来了浪漫；一棵棵小草默默地在土壤之下慢慢地翘首期待春风的吹拂，等到春光漫过了浩瀚的花海时，就会焕发出勃勃的生机，陪衬着争艳的繁花，将百花园变得更加绚丽。

一朵朵平凡的花朵，一棵棵平凡的小草，才会铺陈出如诗如歌、如锦似画的春色。

教师授道解惑，诲人不倦，蜡炬成灰，播撒桃李，其工作看似平凡，却表现着平凡中的伟大。

医生呵护生命，救死扶伤，治愈创痛，妙手回春，其工作看似平凡，却彰显着平凡中的伟大。

警察把握正气，维护治安，除暴安良，舍己为民，其工作看似平凡，却体现着平凡中的伟大。

建筑工人餐风宿雨，饱经风霜，泥刀铁锹，平地起楼，其工作看似平凡，却呈现着平凡中的伟大。

……

未来的孩子，大多会从事诸如教师、医生、警察、建筑工人这些平凡的职业，践行自己的职责，承担自己的责任，将自己平凡的付出奉献给社会，并实现自我的价值。

甘于在平凡的岗位上，尽心尽力地付出，无怨无悔地付出，这样的一生才不折腾自己，也不折腾别人，才是大多数人的人生追求与归宿。

要甘于平凡，更要乐于平凡

有人说过："人生有三次成长，一是发现自己不再是世界的中心的时候，二是发现再怎么努力也无能为力的时候，三是接受自己的平凡并去享受平凡的时候。"

幼年的孩子是以自我为中心的，不知道"天高地厚"，还以为这天地都是为他一个人而存在的，过了幼童期，去自我中心了，他便开始长大了。

少年期和青年期的人，怀揣着梦想，经由磨砺，却体会到现实很"骨感"，难于靠一己之力改变现状，失落之余开始反思，再次成长了。

但凡经由了前两次成长的过程，人就逐渐成熟了。成熟的人分为三个层次：其一为无奈地接受平凡，心中依然不甘，耿耿于怀；其二为甘于平凡，兢兢业业地在平凡的岗位上努力工作；其三乐于平凡，在平凡的生活和工作中寻找乐趣，为人生注入新的活力。

有言道："快乐是自己找的，烦恼也是自己找的。"接受自己的普通和渺小，甘于平凡，乐于平凡，摒弃自责自难，在平凡的生活和工作中快乐地过日子，这样才会获得有意义的人生。

年幼的孩子是不懂得平凡和伟大的意义的，做不平凡的人，往往是孩子在成长的过程中由成人灌输或潜移默化而造成的。

在孩子长大的过程中，几乎每个孩子都会被问到这样的问题："你长大想要当什么？"童言无忌，大多数孩子的理想都是宏大的、浪漫的，很少有孩子会想到一些基层工作，这很大程度上是因平凡的理想有时会被人嗤之以鼻，也可能被斥为"没有出息"。换言之，孩子不甘于平凡，不乐于平凡，大多是成人的期望所造成的。

也许是做父母的人太不甘于自己的平凡了，也太不愿意看到自己的孩子"沦于"平凡，不被他人所接纳和认可，并将自己人生的"不得志"，甚至烦恼和痛苦都投射到了孩子身上。殊不知这样的父母不仅自己找来了烦恼甚至痛苦，而且还会给孩子带来麻烦，甚至让孩子一生活得不快乐。

当然，平凡不等于不平庸，人可以平凡，但不能平庸。平凡的人，可以无过人之才，可以默默无闻，但不能不知道为什么而活，不能没有理想与追求，不能消极悲观、碌碌无为。

要从小教育孩子与平凡为友，与平庸为敌。

节俭永远不会过时

俭以养德，淡泊明志

诸葛亮的《诫子书》中说道："夫君子之行，静以修身，俭以养德。"说的是，"有道德修养的人，他们以静思反省来使自己尽善尽美，以俭朴节约来培养自己高尚的品德"。诸葛亮要求他的儿子在淡泊中修养身心，以节俭的生活方式培养德性，以免染上骄奢淫逸和华而不实的生活作风。

老子在《道德经》里讲述的道德十分简单，即圣人的高尚品行在于节俭。在老子看来，圣人只追求填饱肚子，绝不去追求满足耳目声色之欲。

在中华传统文化中，历来都以"俭以养德"作为立德树人的重要训诫。

北宋史学家司马光一生生活俭朴，史书上称他是"于物澹然无所好，于学无所不通。"他教导儿子说："众人皆以奢靡为荣，吾心独以俭素为美。"一个人只要"衣取蔽寒，食取充腹"就可以了。他生怕孩子还不明白这些道理，给孩子讲了不少历史故事。他说，春秋时期鲁国的季文子当过三朝的丞相，他的妻子没有穿过帛质的衣服，他的马没有被喂过粟米。他还说，宋代的张知白虽然位在三公，俸禄很多，盖的却是土布被子。相反，西晋的石崇，官为侍中、荆州刺史，生活却极度奢侈，还与别人相互攀比，有一次，他与贵戚王恺比阔气，用蜡当柴烧，道路两旁以锦为障，长达50里，令王恺自叹不如，结果他在"八王之乱"中遭杀身之祸。司马光要求孩子以季文子、张知白为榜样，以石崇为鉴，不仅自己要保持节俭的作风，还要让这一作风世代流传下去。

孩子最终会因节俭而感谢父母

节俭是一种美德。

在物资匮乏的年代，节俭似乎是为了"省下来多少，就是得到多少"，要教育孩子懂得"一粥一饭，当思来处不易；半丝半缕，恒念物力维艰"。

而在物质丰裕的年代，节俭不只是为了教育孩子要懂得"积累财富"，"防患于未然"，更重要的是要让孩子自小学会的不是如何去尽兴地享用前辈为他们创造的财富。对孩子来说，如若可用以享受的东西来得太过容易，他就不会懂得珍惜，有时会糟蹋，甚至还会使孩子变得越来越贪得无厌，越来越不通情理。

给孩子吃得好点，穿得漂亮些，钱用得舒服些，在人们生活水平日益提高的今天，已不是难事。但仍然要对孩子严格要求，让他们学会珍惜和努力。

俗话说："俭是福之本，奢是败之根。"不管是在过去、现在，还是将来，节俭永远是一个人成功的根本，在生活上贪图享受，铺张浪费，甚至荒淫奢侈的人终究会失败。

英国科学家达尔文曾说过，"我总是感谢我的父亲和母亲，他们教会我过简单朴素的生活。"

教会孩子节俭的生活方式，那么孩子长大以后会由衷地感谢自己的父母。

意志是磨砺出来的

斯巴达人的教育造就了坚强的后代

在古希腊的斯巴达，孩子生下来以后就要经受肉体的折磨，忍受饥渴、寒冷和痛楚，应对以后的各种艰难险境。大冷天，斯巴达人让孩子在房顶上站立，经受凛冽寒风的袭击；在炎日下，则要求孩子相互追逐和格斗。斯巴达的孩子跣足行走，隆冬盛夏都只准穿同一件单薄的衣服，晚上则睡在由自己从河边拔来的芦苇上，吃的食物除了稀粥以外，别无他物。此外，孩子还经常遭受残酷的鞭挞，并且不准他们因为疼痛而呼叫、哭泣。

斯巴达人以这种方式教养自己的孩子，为的是磨炼孩子的意志，使孩子从小就如同钢铁一般坚强。在当时出于维护奴隶主的利益的角度，这种教育方式是卓有成效的，塑造了一大批能承受艰难困苦、能征善战的武士。

从现代教育的观点看，斯巴达人的这种教育方式对孩子来说未免太过残忍，对孩子的健康成长似乎也有危害，在当今，这种教育主张也一定会遭到公众舆论的抨击。然而斯巴达人教育孩子的这种方式的可借鉴之处在于：孩子的意志确实需要被磨砺。现在的孩子大多是在"糖水"里泡大的，过分优越的条件和周到的照料容易使他们经受不起一点磨难，这对于孩子的健康成长并不有利。

不管生活在哪个年代，人要适应社会，改造社会，都需要有勇敢的精神，有坚强的意志，表现为精力充沛，富有忍耐精神，待人处世有胆略，有自觉性、坚持性、果断性和自制性，要能好胜要强。

这样的精神和毅力，在幼儿阶段就要注重培养。

怜悯不可能培养孩子坚强的意志品质

我国文学家冰心说过："成功的花，人们只惊美它现时的明艳，然而当初它的芽儿，浸透了奋斗的泪泉，洒遍了牺牲的血雨。"

如若诠释一下这句话的含义，那就是人们在现实生活中常常只看到成功的果实，却会忽视其背后所付出的艰辛代价。

如若演绎一下这句话的含义，那就是一个人如若要在未来有所成就，那么必须要自小培养勇敢的精神和坚强的意志，否则就经受不起在获取成功道路上的风风雨雨。

人的成就多半是意志的表达，而人是以勇敢而迈向坚强意志的。

幼小的孩子，意志力正处于萌芽阶段，尚不能有意识地用自己的意志去支配和调节自己的行动，自制力、坚持性和忍耐性都较差，特别是从小在养尊处优的环境中成长的孩子，若过惯了饭来张口、衣来伸手的生活，对成人的依赖性强，一遇到困难和挫折，就会退缩不前，对克服困难缺乏信心和勇气，会产生畏难情绪或自卑心理。

但是，孩子最终是要离开父母而独立生活的，要能在独自的生活中表现出较强的生存、发展能力，就必须具备坚强的性格。虽然父母没有必要像斯巴达人那样训练自己的孩子，但是应该要有意识地让孩子从小就经受一些必要的磨炼，不要万事都为孩子包办代替。

英国教育家洛克说过："不要每逢看见儿童受了一点点痛苦就去哀怜他们，或让他们自己去怜悯自己。我们此时应该尽力帮助他们，安慰他们，可是千万不能怜悯他们。因为怜悯可能使他们的心理变脆弱，使他们遭受一点点轻微的伤害就支持不住，结果往往是，他们更加沉浸于受伤的部分，伤害更加扩大化了。"洛克的话，意思就是哀怜或怜悯是不可能培养出孩子坚强的意志品质的。

要的是坚强，而不是执拗和任性

坚强的意志品质反映出的是坚毅性和果断性。坚毅性指的是不怕挫折与失败，为达到目的而奋勇直前的精神，而不是固执任性或畏惧困难；果断性指的是能判明是非，做出正确的决策，而不是刚愎自用或优柔寡断。此外，在人的意志品质中，自觉性和自制力也是不可或缺的特质。

要培养孩子坚强的意志品质，而不是任性、执拗、顽固和刚愎自用，如若在培养孩子的过程中没有适当加以把握，往往会适得其反。具体地说，意志坚强的孩子是富有理性的，也是富有自制力的，他所坚持的是事物中合理的部分，他也乐于接受别人想法中的合理部分，还能自觉地改正自己的不足之处，而任性、执拗、顽固和刚愎自用的孩子则往往以自己的好恶作为判断是非的标准，对别人采取拒绝、冷漠、苛求的态度，这样的孩子是不能被别人接纳和容忍的，在人际交往中也往往会处于挫败的状态。

人们常用钢铁去形容意志坚定的人。意志坚定的人如同钢铁一般，是强硬的，是经由过千锤百炼的，是能够扛得住事情的，是能够坚持自己选择的；但是，钢铁也有柔性的特征，是有弹性的，而不是轻脆的、经不起弯曲的，意志坚定的人不是依靠执拗和固执去待人处世的。

德育为先

引

言

在幼儿家庭教育中，德育为先、立德树人是根本的事情。做事先做人，做人先立德。做人要讲规矩，要通过习惯的养成去自觉、自动地行善除恶。在家庭生活中，处处、时时都能对孩子开展关于如何做人的教育。

培根铸魂

幼儿教育是培根铸魂、启智润心的事情。要培养孩子成为能传承中华优秀传统文化，能面向世界、面向未来的中国人。

"当先"与"随后"

做事先做人，做人先立德。做事靠人，做人靠德，五育并举，德育为先。

百善孝为先

孝是中华传统文化的核心，是人生中的大事，小孝治家，大孝治国。

规矩是保护孩子的盔甲

规矩是做人的"底线"，规矩是用来遵守的，规矩是孩子通往未来世界的大门。

习惯的养成

幼儿家庭教育最需要关注的事情就是习惯培养。积千累万，不如养个好习惯。

勿以善小而不为

行善除恶要从小事做起，从身边细小的事情做起，而非要让孩子刻意去做惊天动地的善举。

以不知为知，非知矣

要老实地对待自己，知道的就是知道，不知道的就是不知道，只有这样，人才能学到真正的东西。

保护孩子心中的"堡垒"

自我意识包括自我感觉、自我评价、自尊心、自信心、自制力和独立性等，它对孩子的人格健康发展起着调节作用。

节日礼仪习俗

节日礼仪习俗基于文化，期望以德，传递以善，系之以情，导之以行，使得天地之德与人间生活浑然一体，使对孩子的道德教育变得自然、扎实、通俗和有效。

过大年

让孩子从小浸润在"过年"等民俗生活中，接受中华传统文化的熏陶，认同最基本的文化指令和文化符号，学习如何做中国人。

在餐桌上

孩子在每日用餐中得到的是自然而然却又铭刻在心、挥之不去的教育，"阴阳调和""群体意识""以和为贵"等。

培根铸魂

不是没有成长，而是在"扎根"

在教育孩子时，既要顺应孩子的自然发展和成长，又要将孩子的发展纳入能适合社会要求的轨道。

不少人认为，孩子还小，顺着孩子一点会更有益于孩子的终身发展，孩子就像一棵小苗，揠苗助长是得不偿失的。这句话是有一定道理的，但是千万不要忘记那时的小苗正在扎根。根正，苗才直；根不正，苗必歪。

有一种竹子，在成长中的前4年里竹体仅长了3厘米，而从第五年开始，则以每天30厘米的速度迅速生长，只用6周的时间就长到了15米。其实，在前面的4年中，竹子的根在土壤里缓慢生长、延伸，牢牢地扎根于土壤中。

童年对于人生，就是最原始的扎根。

扎根，就是"学习做人"，就是培养人格。培养孩子就是要让孩子的根扎得好、扎得牢。就像竹子的成长一般，为它添上新土，施上新肥，浇灌以水，滋润它的错乱根须。不用担心竹子现在长了多高，以后会长多高，扎根是缓慢的，为培养根系付出的代价看似得不到回报，但是为的都是未来快速、健康成长。

高尔基说过："人的性格是扎根在骨头里和血液里的。"无限芬芳虽落尽，唯有绿树仍依然，根深才有叶茂。一个人品格高尚，节操坚贞，是因为他的根扎得正，扎得深，扎得牢。

扎根的土壤在哪里

植物扎根，扎在土壤里。培养孩子学习做人，扎"根"的"土壤"在哪里？

20世纪40年代，我国教育家陈鹤琴先生就指出，"活教育"的目的就是教育孩子"做人，做中国人，做现代中国人"。这句话的意思是教育的"根"是"做人"，"土壤"是"中国"。用现在的话来说，那就是在中华优秀传统文化中立德树人，培养孩子成为能面向世界、面向未来的中国人。中华传统文明的"土壤"是肥沃的，养育着一代又一代的中华儿女，教育要培养孩子成为中华优秀传统文化的传承者和接班人。

在世界文明史上，只有中华民族经历了五千年的发展，依然保持统一、团结和稳定。共同的理想信念和共同的价值认同将在如此广大地域上生活的众多中国人凝聚在一起，这一切源自中华文明，源于中华农耕文化。

中华民族五千年形成的价值共识是道德认同和行为认知。对社会而言，价值共识是维系社会良性运行的最大公约数；对个人而言，价值共识是一个人言谈举止、待人处世的底线。被大家广泛认同的中华民族最基本的价值共识就是仁、义、礼、智、信。

在孔子的学说里，"仁"是人之为人的根本，人要会关怀、关心、帮助、支持、尊重、理解、同情他人，大而言之是推己及人的人道主义，小而言之是举手投足间的善良。人要合作，与他人建立良好的合作关系，这就是"义"，义是责任、是义务。"礼"是人对规矩的遵守，做自己该做的事。"智"是人对为人要求、为人责任及为人行为规范的判断。"信"是言行一致，言必信，行必果。有了这五个基本的价值共识，中华民族才能够形成自身的传统文化，才能跨过种种危机和磨难，成长并发展起来。

扎根在中国这块土壤上，学习做中国人，这是培养孩子品行的基本点。

常言道，人格决定行为，行为决定习惯，习惯决定命运。我国古代的教育，是以培养道德和人格作为教育的核心价值与要求。当今，我国的教育，也提出了"德育为先，立德树人"的要求。这是教育孩子的基础工程，决定着孩子一生的命运，决定着家庭的幸福，也决定着民族的未来。

学会说话、做事，先学做人

0—6岁是人格形成的黄金时期，健全人格的培养应从孩子出生抓起。

　　从本质上说，学习做人的教育就是道德教育和人格教育。依据大量的研究，国内外众多教育家提出了十四个关键品质作为教育孩子学会做人的指标，它们是：诚实、勤劳、自信、独立、责任、勇敢、坚强、上进、善良、分享、宽容、礼貌、感恩、谦虚。

　　人活在世上，每天都离不开的三件事情是说话、办事、做人，因此有人说，人生有三宝，即：会说话，会做事，会做人。准确的说法应该是：会做人是一种智慧和艺术，它基于人格；会说话和会做事都是技能与方法，它们依赖会做人，只有会做人，才能做到会说话和会做事。"人格上的成功"比"事业上的成功"更为重要，而"人格的成功"是培养优良素质的关键。

　　培养孩子学会说话和做事，先学做人。

　　例如，感恩尽孝，是做人的基本准则，是为德之本，是中国人品德形成的基础。感恩是一种回报，虽然父母从不图回报，但是孩子必须从小学会感恩、懂得感恩。不懂感恩，是人性中最大的恶，不懂感恩，再优秀也难以成功。

　　衡量一个人，首要的是看其是否人品好，而不只是看他说的是什么，做的是什么。懂不懂得感恩父母，这是衡量人品优劣的一个标准。

━→■ "当先"与"随后" ■←━

：《核桃、大米、水和盐》的故事

有个故事常被人们用来说明"当先"与"随后"之间的关系：

> 有个老禅师让其徒弟拿来化缘用的钵，并让徒弟将核桃装满了钵；他再让徒弟捧些大米过来放入钵里，只见大米沿着核桃间的缝隙掉了进去；他又让徒弟将水倒入钵里，只见很多的水将大米之间的缝隙填满了；他还让徒弟拿来了一勺盐，并将盐倒入了水中，盐化在了水里，水一点儿都没溢出去。
>
> 接着老禅师清空了钵里的东西，对徒弟说："现在我们将原先放置东西的顺序倒过来，看看会是怎么样？"老禅师先放了一勺盐，再往里倒水，倒满之后，当再往碗里放大米的时候，水已经开始往外溢了，而当碗里装满了大米的时候，老禅师问徒弟："你看，现在碗里还能放得下核桃吗？"
>
> 老禅师对徒弟说："如果你的生命是一个钵，当钵里装满了大米一类细小的事情时，你的那些大的核桃又怎么放得进去呢？"
>
> 徒弟这才明白老禅师所述的道理。

这个故事说明一个道理，那就是在处理事务时要明白什么是"优先事宜"，什么是"随后事宜"，并根据"事宜的优先性"原则去处理，才不至于乱了方寸，才不至于"眉毛胡子一把抓"，而是能够井井有条地解决各种问题，并处理好各种事情之间的关系。

"才"是"德"的辅助，"德"是"才"的统帅

在《核桃、大米、水和盐》的故事中，放核桃为先，因为涉及了"优先"这个问题。以此故事比喻幼儿家庭教育，那就是幼儿家庭教育的价值是"核桃"，价值是大事情，应当放在所有需要顾及的事情的首位。

自古至今，我国的教育历来都是以培养人的德性作为核心价值和要求，主张通过形成群体的价值共识来寻求彼此的认同，所有的行为规范、读书识字主要都是为了培养孩子成为有道德的人。当今，包括幼儿教育在内的教育，强调的是"德育为先"，就是在传承中华优秀传统文化中的精华，将"核桃、大米、水和盐"中的各种东西什么为"优先事宜"，什么为"随后事宜"讲得清清楚楚。

《核桃、大米、水和盐》的故事告诉我们，如果在一个盆钵里先放了大米、水或盐，那么核桃就没有地方可以放得下了。

幼儿家庭教育也同样如此，什么为先，什么随后，必须清楚，否则就有可能本末倒置，舍本求末了。换言之，如果幼儿家庭教育尽抓一些小事，那么必然会将最为重要的、必须优先涉及的事情搁置在一边了。

司马光在《资治通鉴·周纪一》中写道："智伯之亡也，才胜德也。夫才与德异，而世俗莫之能辨，通谓之贤，此其所以失人也。夫聪察强毅之谓才，正直中和之谓德。才者，德之资也；德者，才之帅也。云梦之竹，天下之劲也，然而不矫揉，不羽括，则不能以入坚；棠溪之金，天下之利也，然而不熔范，不砥砺，则不能以击强。是故才德全尽谓之圣人，才德兼亡谓之愚人，德胜才谓之君子，才胜德谓之小人。"意思是："智伯的灭亡，在于才胜过德。才与德是不同的两回事，而世俗之人往往分不清，一概而论之曰贤明，于是就看错了人。所谓才，是指聪明、明察、坚强、果毅；所谓德，是指正直、公道、平和待人。才，是德的辅助；德，是才的统帅。"他继续说："云梦地方的竹子，天下都称为刚劲，然而如果不矫正其弯曲的形状，不配上羽毛，就不能作为利箭穿透坚物；棠溪出产的铜材，天下都称为精利，然而如果不经熔烧铸造，就不能作为兵器击穿硬甲。德才兼备称之为圣人，无德无才称之为愚人，德胜过才

称之为君子，才胜过德称之为小人。"

教育孩子要以这种思想为先导：做事先做人，做人先立德，做事靠人，做人靠德。

五育并举，相互融合

德智体美劳，五育并举，德育为先，并非贬低德育以外的其他四育，说的只是在教育中以谁为先的事情。这就好比将各种东西放置到盆钵里，不仅要放核桃，还要将大米、水和盐都放置进去，所要解决的问题是如何将所有的东西都能放置进去才最为合理。

在放满了核桃、大米、水和盐的盆钵里，核桃、大米、水和盐融为一体了，而每个空间都有东西存在，例如，水和盐无孔不入地渗入或溶入到了各个空间中。

德智体美劳在幼儿家庭教育中的存在状态，跟放满了核桃、大米、水和盐的盆钵类似，虽然可以相互区分，却又相互关联，相互结合，甚至相互渗透，相互融合。

其实，在幼儿家庭教育中，德育、智育、体育、美育和劳动教育经常是"你中有我，我中有你"。例如，一个审美活动中往往蕴含了智育的内容，一个体育活动也可以包含德育的内容。

一 · 百善孝为先 · 一

孝敬父母是孝道的开始

《孝经·开宗明义》中说："夫孝，德之本也，教之所由生也。"说的是：孝是一切道德的根本，也是一切教育的出发点。

孝是中华传统文化的核心，是天经地义的道理，是整个人生中的大事。"孝"对于中华儿女而言，不仅是一种道德规范，而且已经成为一种根深蒂固的文化，流淌在所有中华儿女的血液之中。

孝敬父母是孝道的开始。孝敬父母，就是子女对父母，晚辈对长辈的尊敬、依从、感恩，不违背父母、家里的长辈以及先人的心意。

孝，维护的是一种稳定的伦常关系，这是中华传统文化意义上的道德伦理规范，被认为是天经地义、无可否认的事情。

"孝"字的上半部位是"老"的上半部分，下半部位是个"子"字，看到这个"孝"字，就会联想到父辈和子辈是一体的，上面的父辈关爱着下面的子辈，下面的子辈呵护着上面的父辈。

教育的"教"，是由"孝"和"攵"两部分组成的，意味着父辈要教子女，同时子女要孝敬父辈，这是孝；教育下一代如何尽孝，是教育的主要和首要的内容，是长辈对后辈应尽的责任。

在1912年出版的《女子国文教科书（初小）》第四册中，有一篇《父母之恩》的课文，说的是："人初生时，饥不能自食，寒不能自衣，父母乳哺之，怀抱之。有疾，则为延医诊治。及年稍长，又使入学。其劳苦如此，岂可忘其恩乎？"意思是："人刚出生的时候，饿了自己不会饮食，冷了自己不会加衣。都是靠父母哺乳喂养，抱着长大的。孩子生病了，父母会担忧，便请医生来诊治。待长大些后，又让孩子入学。父母养育孩子，如此这般辛苦，怎能忘记他们的恩德呢？"这篇课文训导孩子要懂得父母的生育、养育之恩无限，要以孝敬给予回报。

在说到孝敬父母的话题时，谁都会想到唐代诗人孟郊的《游子吟》，这是一首家喻户晓的"母爱诗"。

> 慈母手中线，游子身上衣。
> 临行密密缝，意恐迟迟归。
> 谁言寸草心，报得三春晖。

这首诗说的是："慈母手里拿着针线，为即将远游的孩子赶制新衣。临行前一针针密密地缝缀，生怕儿子回来过晚而衣服破损。谁说像小草那样微弱的孝心，能报答得了像春晖普泽那样的慈母恩情？"

孟郊早年漂泊无依，一生贫困潦倒，直到五十岁时才得到了一个溧阳县尉的卑微之职，结束了长年的漂泊流离生活，便将母亲接来住，诗人为这首诗的自注是"迎母溧上作"。这首诗发自肺腑，感人至深，歌颂慈母一片深笃之情，表达儿子对母亲的感恩之心，唤起普天下儿女们亲切的联想和深挚的忆念，真有"欲报之德，昊天罔极"之意。

小孝治家，大孝治国

有言道：小孝治家，中孝治企，大孝治国。孔子、曾子当年说的话就有这个意思。

一天，孔子在家闲坐，学生曾子侍坐在旁。孔子问曾子："先代的帝王有其至高无上的品行和最重要的道德，才使天下人心归顺，人民和睦相处。人无论是尊贵还是卑贱，上上下下都没有怨恨和不满，你知道这是为什么吗？"曾子回答道："学生愚钝，我真不知道。"

孔子说："这就是孝。它是一切道德和行为的根本，也是教化的根源。人的身体四肢、毛发皮肤，都是父母赋予的，不敢予以损毁伤残，这是孝的开始。人在世上遵循仁义道德，有所建树，显扬名声于后世，从而使父母显赫荣耀，这是孝要达成的目标。所谓孝，最初是从侍奉父母开始，然后效力于国家，最终建功立业，功成名就。"

后来，曾子、孟子等将儒家关于孝的理论加以继承和发展，以孝为核心，对孝道进行了全面泛化。

难以相信，一个不懂得孝敬父母的人未来能够成人、成事，因为这样的人没有德性。坊间流传着这样一些话，说的就是这个道理：

• 人世间最不能等待的不是机会，而是孝敬父母。

• 一个对自己父母身上都不舍得花时间、花钱的人，将来是不会为大家做善事的。

• 不要相信一个与父母和兄弟姐妹都不好好相处的人，将来会成为一个慈善家。

• 孝敬父母就是关爱自己的未来。

• 一个人认识自己是否善良其实并不困难的，只需把眼睛闭上，想想自己是否孝敬父母。

• 一个对父母都不好的人，怎么可能与每个人都相处得好？

• 把对父母的孝敬扩大到对兄弟姐妹的友爱，把兄弟姐妹的友爱扩大到对团队成员的爱，再扩大到企业，扩大到国家，扩大到天下，这叫修身、齐家、治国、平天下。

• 爱国主义深深扎根于人的本能和感情之中。爱国主义则是放大了的孝心。

《弟子规》的第一课

如何从小培养孩子的孝心？

　　清代教育家李毓秀所作的三言韵文《弟子规》作了简洁、明了的叙述。这是一本对孩子进行伦理道德教育的书，是依据孔子教诲编成的儿童生活规范。

　　《弟子规·总叙》只有 4 句话，共 24 个字："弟子规，圣人训。首孝悌，次谨信。泛爱众，而亲仁。有余力，则学文。"这些文字将儿童在日常生活中要做的事情排了个序：首先要做到孝顺父母，友爱兄弟姐妹；其次要小心谨慎，言语要讲信用；再次，在与人相处时要平等博爱，要亲近有仁德的人；最后如若还有时间精力，就要学习有益的学问。

　　《弟子规》的第一课是"入则孝"，入是在家，孝是孝敬父母，并在后文中作了详细阐述。

　　古人是这样训导孩子学会对父母尽孝心的，在现代人看来，对父母的孝心是应当延续的，但其中的做法也有了更加适宜的改动。

规矩是保护孩子的铠甲

没有规矩，不成方圆

自古以来，中国式的幼儿教育讲究的是"立规矩"。由"规矩"推演出了"纪律""服从""遵守"等，反映的是维护集体利益的价值取向。

自文艺复兴以后，西方人的幼儿教育讲究的是"给自由"。由"自由"推演出了"自我需求""自我选择""自我满足"，反映的是维护个人利益的价值取向。

其实，在西方的早期儿童教育中也是讲究规矩的，不符合规矩的事情同样是要限制孩子去做的，只是到了一定年龄后才去强调让孩子自己管好自己（自律），不然孩子最终会受到法律的约束。而中国式的幼儿教育除了讲究规矩外，还强调孩子一旦犯错后，要以"说服教育"为主。

中国式的教育在向西方学习，西方式的教育也在向中国学习，因为两种教育都需要不断适应时代的发展，都有需要革新的诉求；但是也在相互排斥，因为两种教育都有自身文化、国情、社会制度等方面的差异，都要保持其"原味"，而不是被"同化"或"替代"。

中国人的教育讲"规矩"由来已久，这与中华传统文化以人伦为基础、以家国为本位有关联。所谓的"规"和"矩"，是校正圆形、方形的两种工具，后多被用来比喻衡量是否达成标准的法度。我们常说"没有规矩，不成方圆"，就是做任何事情都要有一定的法则、标准、规范、规则、方法或习惯，否则就无法成功，从"修身、齐家、治国、平天下"的视角讲，那就是"国有国法""家有家规"。

有言道："有规矩的自由叫活泼，没有规矩的自由叫放肆。"

在中国，理当培养能按照中国人的道德规范和要求去处世行事的中国人。由是，基于中华优秀传统文化，又吸取西方文化中合理因素的说法和做法，就是要给予孩子一定的"自由"，又要通过"做规矩"，培养幼儿的规则意识和良好习惯，该"放"即"放"，该"管"就"管"。

不懂得立规矩的父母，培养不出有出息的孩子

古时，家有家规，家规会刻在戒尺上，子弟一旦违反，将会遭到戒尺伺候。古人懂得立规矩须有惩戒，没有惩戒，规矩形同虚设。

梁启超曾说过这样一句话："与其跟孩子讲道理，还不如给他立规矩。"在梁启超眼里，改变人生的从来都不是道理，而是规矩。

> 梁启超六岁时，因为一件小事向母亲撒了谎，被母亲叫到卧室，严厉地教训了一番。梁启超的母亲一向温良淳厚，梁启超还是第一次见到母亲盛怒的样子，他试图掩饰，没想到惹得母亲怒上加怒，动手教训了他一顿。从此，母亲为他立下"不许说谎"的规矩。
>
> 等到梁启超长大以后，母亲才语重心长地告诉他："人之所以说谎，或者因为做了不该做的事，却谎称没做过；或者因为该做的事没做好，却谎称做到了。"母亲的这番话，给梁启超留下了极为深刻的印象，在他心中立下了规矩。

合理的惩罚，常是立规矩的一种办法，让孩子由此而抱有敬畏之心，才不会无视家规国法、公序良俗。

近几十年来，人们通过各种渠道学习了一些民主教育理念，注意到了对孩子身心的保护，却未看到其背后的惩戒手段和法律法规，有时反而使教育变得畸形。例如，只是采用表扬和哄劝的方法去教育孩子，期望以此感化孩子，让孩子纠正错误，到头来可能会走向其反面。

有规矩的家庭，孩子有敬畏心，即使有再大的胆，也不敢犯大错，这样，

在未来在社会生活中才不会违法乱纪。

没有规矩的家庭，因为家风不正，孩子没有了约束，会养成"无法无天"的习性，这样，未来有可能会干出"伤天害理"的事情。

规矩，是孩子通往未来世界的大门

规矩是用来遵守的，规矩是保护孩子的铠甲，是孩子通往未来世界的大门。

在孩提时期，也许有人会将孩子的犯错看作"儿戏"，即使看到了孩子犯错，也宽恕了，甚至还会对其"鼓励"，殊不知这样会使孩子变本加厉地犯错。应该看到，孩子长大以后是没有"儿戏"的，外面的世界不会轻易原谅那些无法无天的孩子。

一个人一生做人的底线，是从早期"铸就"的。

例如，遵时守约，这是做人的一项"规则"。一个孩子习惯违约，或者总爱迟到，凡事只顾及自己，如果不改变他，以后社会会狠狠地教训他。

又如，谦虚退让，这是做人的一种"涵养"。在聚餐中，一个孩子爬上餐桌，旁若无人地转动菜台，有什么好吃的就往自己嘴里塞，如果不阻止他，以后社会会狠狠地教训他。

再如，走路时，靠马路右边走；红灯停、绿灯行；人流拥挤时听从警察的指挥，这些都是"规矩"。一个孩子不愿意遵守这些规矩，甚至经常冒犯这些规矩，如果听之任之，以后社会会狠狠地教训他。

……

与其让孩子将来会被社会敲打得头破血流，不如从小教育孩子有所敬畏，要让他们敬畏生命、敬畏规矩。

习惯的养成

播种习惯，收获品德

在 1913 年出版的《民国老课本·修身国文》中，有一篇课文叫作《好童子》，文章是这样写的："好童子，能做事。朝起，自著衣履；当食，自取碗箸；夜眠，自铺被褥；入学校，又能勤读。"

在 1918 年出版的《共和国教科书·新国文》中有一篇课文叫作《勤起》，文章是这样写的："兄早起，闻窗外鸟声。呼其弟曰：'鸟雀已起，汝何尚贪眠，晨起太迟，荒废光阴，甚可惜也。'"

这两篇课文，是写给孩子读的，寥寥数语，简简单单地告诉了孩子每天该做些什么，怎样去做。这两篇课文，如果家长看了，也会明明白白地懂得如何自小去培养孩子的日常生活习惯。

起床、穿衣、吃饭、铺被、阅读等看似都是日常生活中细小的事情，再平常不过了，但是对于一个孩子而言，正是这些日常行为习惯的养成，才能让孩子逐渐成长为有德性的人。

孩子的心灵是一块神奇的土地，播种思想，就能收获行为；播种行为，就能收获习惯；播种习惯，就能收获品德；播种品德，就能收获命运。

如果将这句话倒过来讲，那就是：要让孩子未来成为有用的人，学会做人、养成德性是最为重要的；要养成德性，前提是从小让孩子养成良好的习惯；习惯来自早期对孩子行为的规范和引导。

归根结底，幼儿教育是为了孩子养成良好的习惯

从古到今，从国内到国外，许多名人都明示习惯对于人的重要性。

古罗马诗人奥维德说："没有什么比习惯的力量更强大。"

英国哲学家培根说："习惯是一种顽强而巨大的力量，他可以主宰人生，因此，人从幼年起就应该通过教育培养一种良好的习惯。"

英国哲学家洛克："事实上一切教育归根结底都是为了培养人的良好习惯。"

俄国教育家乌申斯基说："好习惯是人在神经系统中存放的资本，这个资本会不断地增长，一个人毕生就可以享用它的利息。而坏习惯是道德上无法偿清的债务，这种债务能以不断增长的利息折磨人，使他最好的创举失败，并把他引到道德破产的地步。"

我国思想家孔子说："少成若天性，习贯如自然。"

我国教育家叶圣陶说："教育就是习惯的培养。积千累万，不如养个好习惯。"

习惯，就是在日常生活中自然而然发生的行为，是自小逐渐养成而不易改变的行为。习惯让人减少思考的时间，简化行动的步骤，使人的行为更有效率。例如，每天早晚两次刷牙，不用家长提醒，养成了刷牙习惯的孩子就会自动地按照刷牙的规范去清洁自己的牙齿，这样的习惯可以保持一生，使孩子受益一生。

　　1978 年，一些诺贝尔获奖得者在巴黎聚会。有人问其中一位获奖者："你在哪所大学、哪所实验室里学到了你认为最重要的东西呢？"出人意料，这位白发苍苍的获奖者回答道："是在幼儿园。"那个人又问："在幼儿园里学到了什么呢？"那位获奖者回答："把自己的东西分一半给小伙伴们；不是自己的东西不要拿；东西要放整齐，饭前要洗手，午饭后要休息；做了错事要表示歉意；学习要多思考，要仔细观察大自然。从根本上说，我学到的全部东西就是这些。"

这位获奖者的回答，获得了与会科学家们的普遍赞同，大家都认为一生所学到的最重要的东西之一，就是由幼儿园培养的良好习惯。

习惯的力量往往超出人的想象。在强大的行为习惯面前，科学有时也会失去"魅力"，甚至根本没有阻挡习惯的力量。

培养好习惯与坏习惯的拉锯战

一个好习惯，陪伴人的一生，将人引向成功；一个坏习惯，也会跟随人的一生，会给以后的生活带来诸多麻烦和障碍。习惯能成就一个人，也能够摧毁一个人。

在孩子的身上，好习惯与坏习惯往往是并存的，培养孩子的习惯，往往就是一场培养好习惯与坏习惯之间的拉锯战。

培养孩子的良好习惯，要从大处考虑，从小处入手。

东汉学者陈蕃读书很刻苦，从小就想干出一番大事业。一天，他父亲的朋友薛勤前来拜访，看见他的住处十分凌乱，就问道："孩子，屋子这么脏，你怎么不打扫呢？"陈蕃理直气壮地回答说："我的手是用来扫天下的。"薛勤反问道："连一间屋子都不扫，怎么能够扫天下呢？"陈蕃一听，顿时脸红了起来，马上打扫房屋，招待客人。

这个故事告诉我们，要能成就大事，必须从小事做起，儿时养成好习惯，才能保证未来成得了大事。

培养孩子的良好习惯，要从身边的事情做起，不用过多讲述道理，而是严格要求孩子按照规矩去做，对不良习惯坚决制止，自然也就养成了好习惯。

《弟子规·余力学文》中有这样的句子："房室清，墙壁净。几案洁，笔砚正。墨磨偏，心不端。字不敬，心先病。"意思是：房室要打扫清洁，墙壁要保持干净，书桌要洁净明亮，笔和砚台要摆放端正。在砚台上磨墨，如果磨偏了，是因为用心不端正，如果字写得很潦草，就是心浮气躁的表现。

这些句子就是告诉家长如何去要求孩子做到这些事情：房室、墙壁、书桌、文具都要时刻保持干净、整洁；要用心做事，不可三心二意。

勿以善小而不为

这条小鱼在乎

暴风雨过后，海面恢复了平静，冉冉升起的太阳照耀在海滩上，瑰丽壮观。

有个男人在海边散步，他发现被海浪冲上沙滩的不仅有贝壳，还有不少小鱼，它们被困在沙滩上，偶尔还扑腾着身子，却无论如何也回不了大海了。用不了多久，海滩上的水就会被太阳晒干，这些小鱼都会干死。

这时，这个男人看见海滩上还有一个小男孩，他走得很慢，不时地弯下腰去，一条一条地从沙滩上捡起那些快要死去的小鱼，用力地将它们扔向大海。

这个男人停下了脚步，注视着这个小男孩的动作以及他身边那些垂死的小鱼。终于，这个男人忍不住走近了小男孩，问道："孩子，这里有千百条小鱼，你救得过来吗？"

小男孩爱理不理地回答道："我知道。"

"哦，那你为什么还在扔？谁在乎你呢？"

"这条小鱼在乎！"男孩一边回答，一边又捡起了一条小鱼，用力地将它扔进了大海，"这条鱼也在乎，这条也在乎！还有这一条、这一条、这一条……"

这个男人被小男孩朴实无华的话震撼了。是的，有谁会去质疑孩子那种发自内心的"善"呢？

与其说，"这条小鱼在乎"，倒不如说，那个小男孩在心中在乎这些小生命。这就是埋藏在孩子心底的"善"。

行善、戒恶要从小事做起

"勿以恶小而为之，勿以善小而不为。惟贤惟德，能服于人。"这是三国时代的刘备留给其子刘禅的话，意思是："不要因为坏事很小就去做，也不要因为善事很小而不去做。只有拥有才能和高尚品德，才能使别人信服。"刘备的目的是劝勉刘禅要进德修业，有所作为；要做好事，不做坏事；小善积多了就会成为利天下的大善，小恶积多了则足以乱天下。

对于一个孩子来说，行善、戒恶要从身边细小的事情做起，而非要让孩子刻意去做惊天动地的善举。

让孩子行善、戒恶，可以从以下方面入手。

• 珍爱生命。要让孩子学习爱护一切生命，不管是动物，还是植物，绝不去伤害甚至残害无辜的生命。（寓意：残害生灵是一切罪恶的根源）

• 举手之劳。要让孩子习惯做一些不费力就能做到的事情，例如，当路上有西瓜皮、香蕉皮等要捡起来，防止别人摔倒；在公交车上给老弱病残等人让座；扶老人、盲人过马路。（寓意：不积小流，无以成江海）

• 成人之美。要让孩子学习帮助他人、成全他人，不去嫉妒他人，不去破坏他人的好事。（寓意：照你自己的光，不要吹灭别人的灯）

• 急难救助。要让孩子学会急他人之急，解他人之困，例如给贫困山区的孩子捐书本衣服等，给受灾地区的孩子捐自己的零花钱。（寓意：推己及人、将心比心）

• 分享快乐。要让孩子乐意将自己的物品、心得和诀窍与同伴分享；会向与你擦肩而过的人微笑。（寓意：给予别人，同时也在给予

自己）

　　• 关爱家人。要让孩子懂得家人比外人更重要。当家人生病的时候，要会主动问候，并帮忙做力所能及的家务事。（寓意：家人离去，整个世界跟着离去）

　　• ……

　　即使善小，也要不断为之，长年累月，才能不断"沉淀"，不断"积累"。《荀子·劝学》中说道："积善成德，而神明自得，圣心备焉。"说的就是：积累善行，养成高尚的品德，自然会心智澄明，也就具有了圣人的精神境界。

　　同样，即使小恶，也不可为之，长年累月，恶行、恶习积累起来就会成为大祸。"勿以恶小而为之"也应该成为教育孩子"行善"的一条准则。

　　"善"跟"恶"是不对等的，个别的恶可以伤害整个的善。

　　善恶本为一体，一个人会为善，有时也难免会行恶。因此从小让孩子习惯为小善，习惯不行小恶，那么孩子的优良品德就会在早期铸就，就不会在成年以后祸害社会，伤害他人。

风过无声，雁过无痕，善行无辙迹

　　行善，可能会利人，也可能会利己。之所以说也可能会利己，仅仅在于人在行善以后心中会获得快乐，并生发继续行善的动机。要让孩子学习在心中存有善念，通过做善事，让自己的心得到满足，获得快乐，变得善良，这是让孩子为善的目的。

　　行善，是真正发自内心的善行义举，不可存有希望他人回报的念头，这是有道之人的品行，这就是所谓的"善行无辙迹"，如同"风过无声，雁过无痕"。做事时如若只是想到自己在行善，可能已经没有了善良可言。具体地说，如若时时将自己的善行记在心里，老是计较自己的付出，老是想着别人回报，对外还要张扬，生怕别人不知道，那么就会失去行善的意义。要让孩子学习在心中存有善念，不要在乎自己做了什么，也不要在乎是否得到了回报或赞扬，只当事情没有发生过为好。

古训："小善如大恶。"说的是并非所有善心，都会带来好的结果，"小善"有时甚至会酿成"祸害"，生活中这样的事例并不少见，例如救助了贫困的人群，可能会增强其依赖性，使其不再想通过努力改变自己的命运。但是这并不妨碍人们向善的追求，更不应该改变我们想将孩子培养成为善良的人的期待。

以不知为知，非知矣

：先有蛋，还是先有鸡

一天，古希腊哲学家苏格拉底遇见一个年轻人，那个人自以为比苏格拉底还聪明。

苏格拉底问了他一个问题："世界上是先有蛋，还是先有鸡？"

那个年轻人不假思索地回答："鸡是从蛋中孵出来的，自然是先有蛋。"

"蛋是鸡下的，没有鸡，蛋会从哪里来？"

年轻人想了想说："那还是先有鸡吧。"

苏格拉底追问："你刚才已经说过鸡是从蛋中孵出来的，没有蛋，鸡会从哪里来？"

年轻人抱怨地说："那么请你回答我，是先有蛋还是先有鸡？"

苏格拉底肯定地回答道："我不知道。"

年轻人笑了："这样看来，你和我其实也差不多啊！"

苏格拉底说："不，你是把不知道当作知道，我是不知道即为不知道。"

无独有偶，我国思想家孔子也有"异曲同工"的论说，只是苏格拉底在西方，孔子在东方，两人从来没有交流过，却有相同的见解。

仲由跟随孔子勤奋学习，成了名人，有人请他去做官，他开始有点骄傲自大了。孔子有心教训他一下，就提出几个治国理财的问题与他讨论，他答不上来，又怕在众人面前丢失面子，稀里糊涂地应对了一下，却根本不着问题的边际。孔子当着众人的面列举了仲由话中的错误，说得他满脸通红，低着头说不出话来。在为他送行时，孔子说："由，诲女知之乎！知之为知之，不知为不知，是知也。"意思是："仲由，我教你的你懂了吗？懂就是懂，不懂就是不懂，这种态度才是明智的。"

孔子这句话的含义是，人的明智不在于知道什么，而在于坦然地承认自己不知道什么。在求知方面，聪明人要正视自己的无知，不要安于自己的无知，更不要装作什么都懂，要实事求是，这样才能学到更多的东西。

不能不懂装懂

一个孩子一旦养成了不懂装懂的坏习惯，长大后往往什么都不想懂，不会懂，还会处处逞能，成不了事，这是一种不良的性格和习惯。

孩子养成不懂装懂的坏习惯，大致有以下一些原因。

父母太要面子，虚荣心太强，太在意别人的看法，导致孩子同样也太要面子，太在意别人看法。例如，明明是自己孩子做错了，家长反而强调孩子是对的，这会扭曲孩子的认知，使其养成不懂装懂的习惯。

父母对孩子的要求太高、太严厉，导致孩子难以达成而感到无奈或自卑，采用逃避的方式躲过成人的惩罚，久而久之，成为习性，甚至产生幻觉，分不清是懂还是不懂。

父母对孩子的教育缺乏耐心和责任，对孩子的懂与不懂不加理会，得过且过，导致孩子没有学习目标和要求，能混就混，事后也不加追究，不懂装懂可能就成为了常态。

父母对孩子的惩罚过度，导致孩子产生逆反心理，以懂装不懂，或者以故意全然不懂的方式愤怼家长，孩子的不良情绪完全遮盖了他的认知，懂与不懂已经不再重要了。

……

在有些人眼里，孩子不懂装懂似乎不是一件大事，但是不管不懂装懂是由何原因造成的，无论从哪个视角去看，它都会酿成孩子成长中的大问题。例如，不懂装懂，会让孩子失去诚信，破坏其与人交往和沟通的能力；不懂装懂，会让孩子养成懒惰的习性，不求进取，得过且过；不懂装懂，会让孩子降低认知能力，失去在尝试错误、纠正错误中学习的机会……

父母要及早发现发生在孩子身上不懂装懂的"苗子"，找到原因，有针对性地加以纠正。早发现，早纠正，还是比较容易的事情。

对孩子，自己也不可不懂装懂

孩子不懂装懂的恶习，大部分是由父母的不良教育造成的，对孩子而言，身教比言教更为有效。

在"知之为知之，不知为不知"问题上，孔子树立了值得让后人学习的榜样。

有一天，孔子与仲由一起去齐国，路上看见两个孩子在辩论"太阳什么时候离我们近"的问题。

孔子对孩子们说："我叫孔丘，看见你们争辩得这么激烈，我也想参加进来，你们看可不可以呀？"

其中一个孩子说："噢，原来你就是孔夫子呀，听说你很有学问。太好了，那就请你来给我们评一评，看谁说得对。"

另一个孩子也忙着说："对，让他来评评，肯定是我说得对！"

先前那个孩子说："我说太阳早上离开我们近，他说太阳中午离开我们近。请你说说我们两个谁说得对。"

孔子不假思索地说："这个问题我没有考虑过，不敢随便乱说。仲由，你能回答吗？"仲由不敢在老师面前信口开河，摇了摇头，闭口不言。

孔子接着对两个孩子说："那就请你们将各自的理由讲一讲吧。"

后一个孩子抢着说："早上的太阳是温暖的，一点也不热；可是中午的太阳却像开水一样烫人，这不就说明早上太阳离得远，中午太阳离得近吗？"

前一个孩子马上反驳："他说得不对，早上的太阳又大又圆，就像车顶上的篷盖那么大；而中午的太阳变小了，最多也不过一个菜盘那么大，自然应该是早上的太阳离我们近了。"

孔子认为两个孩子讲得各有道理，也分不清谁对谁错，于是他老老实实地承认："这个问题我也回答不了，以后我向懂的人请教一下，再来答复你们吧。"

两个孩子听罢都大笑了起来："人人都说孔夫子是个圣人，原来他也有回答不了的问题呀！"说完就转身去玩耍了。

仲由见状不服气地说："先生，您真应该好好教训他们一顿！您随便讲点什么，就能把这两个小毛孩给镇住。"

孔子却回答道："不，要老老实实地承认自己的不懂。在学习上，知道的就说知道，不知道的就说不知道。只有抱着这种诚实的态度，人才能学到真正的知识。这一点，你在任何时间里都要牢牢记住。"

在孔子眼里，"知之为知之，不知为不知"比起"面子"来要重要得多，童叟无欺，即使对孩子，也不可为了"面子"而不懂装懂。

保护孩子心中的"堡垒"

一只老鼠改变了恒立的命运

一个名叫恒立的孩子并不出众，他的学习成绩只是平平而已。但一只老鼠改变了他的命运，居然使他成了出类拔萃的佼佼者。事情是这样的：

一天，一只老鼠窜进了教师办公室，按动了键盘，将储存在计算机内的考试分数作了改变——恒立各门考试的成绩都获得满分，这个消息在校园内外不胫而走。

教师开始反思了，他们不得不对这个曾被他们"低估"的学生进行了重新评价，并开始为一名前程无量的学生的发展作了重新设计，同伴们也纷纷向他投来了美慕的目光。

一个崭新的"世界"向恒立敞开了。他开始以一个比同伴"技高一筹"者的身份在这个"世界"中生活着，自我感觉格外良好。他从来没有像现在这样自信过，他改变了自己，比以往勤奋、刻苦得多了，果真，他的努力使他获得了进一步的成功。

这个故事近乎离奇，却说明了有关"自我意识"的两个十分重要的原理，那就是：一个孩子如何认识和评价自己，往往是周围的人如何评价他的结果；一个孩子如何认识和评价自己，是他能否获得成功的关键因素之一。

自我意识是人格健康成长的基础

自我意识包括自我感觉、自我评价、自尊心、自信心、自制力和独立性等，它对人的心理活动和行为起着调节作用。

　　自我意识并不是与生俱来的。在婴儿期，当孩子把自己当作一个主体的人来认识的时候，自我意识就开始萌芽了；在幼儿期，自我意识逐渐形成，并不断发展，最终孩子能够对自己独立地作出初步的自我评价。

　　孩子的自我意识反映了孩子对自己所在的环境和社会中所处的地位的认识，也反映了其评价自身能力的想法，在此基础上，孩子形成了独特的人格。

　　在孩子自我意识发展过程中出现不良倾向时，如若不及时加以调整，就可能使其人格结构出现内在的不协调，发生行为上的偏异。因此，要培养儿童健全的人格，必须在早期就注意培养其良好的自我意识，这样才能为其今后学习和生活上的成功铺平道路。

　　过高或过低地评价自己都是不良的倾向。

　　一般而言，6岁以前的孩子经常会较高地评价自己，觉得自己什么都行，都比别人强，这很正常。随着年龄的增长，大部分孩子都会自我调整，逐渐接近客观事实。但是，如果孩子把自己看得过高，甚至自高自大，那可作些调整。例如，自己的棋艺明明不如别人，却硬说别人耍赖，或者说自己没有认真下，否则准赢，这时家长就不要再去顺着孩子，更不要去盲目"抬高"孩子了。

　　过低评价自己的孩子也要特别加以关注。

　　自我评价过低的孩子往往缺乏自信心和自我存在的价值观念，常表现为沉默寡言、不爱交往、行为退缩、情绪抑郁。这样的孩子很难适应未来复杂多变的社会生活，难以在学习和工作中获得较好的成绩。遇到这样的情况，应及时加以调整，否则不利于孩子的健康成长。

家长对孩子的评价特别重要

　　家长对孩子评价的正确性，会直接影响孩子评价自己的正确性，孩子年龄越小，就越容易全盘接受家长的评价。可以说，家长的评价是孩子自我意识发展和形成的第一重要影响因素。

　　家长对孩子的评价会不知不觉地表现在自己的一言一行中，因此应当时时注意以下一些方面。

首先，尊重孩子的个体差异。

每个孩子都是一个独一无二的个体，他跟别人不一样，有长处，也有弱点，要认同并接受他与别人之间存在的差异，家长不可用自己想要的完美的"标准"去要求孩子、评价孩子。

其次，对孩子的期望不要过高。

"望子成龙"之心人皆有之，但天底下并非每个孩子都能成得了才。例如，有的家长不管自己的孩子对音乐有没有兴趣，花费了多年积蓄买来钢琴，请来教师，硬要孩子苦练，梦想自己的孩子会成为钢琴家。父母不切实际的期望害苦了对此并无兴趣的孩子，孩子被迫每天味同嚼蜡般地练习，仍然没有多少长进。家长失望之余不免责备孩子，让孩子受到挫折，自尊心和自信心受到伤害，导致过低的自我评价。

较为理想的期望和要求，是比孩子的实际状况略高一点，使他们"跳一跳就能摘到树上的苹果"。

再次，多给予孩子成功的机会。

经常获得成功的孩子，会有自信、勤奋、乐观等积极的表现，这些表现又能促使孩子在今后的活动中再接再厉，取得更多更大的成功。

孩子在成长过程中不可能永远成功，一定会有失败。对孩子的失败不要多加责备，应在孩子不良的情绪过后耐心帮助孩子分析原因，找出转败为胜的关键。如果做得好，失败反而可以使孩子锻炼意志，增强自信心。

但要避免孩子过多地经受失败，这样会挫伤孩子的自尊心和自信心，甚至会使孩子一蹶不振。

接着，要保护自我意识中的"重要堡垒"。

每个孩子都有自己的长处，都有被自己或别人较高评价的方面，这些方面是孩子心目中最重要的"堡垒"，孩子的自我信念主要就是建立在这些"堡垒"基础之上的。如果这些方面一再受挫，就会从根本上动摇他的全部信念。因此，家长和教师应当注意摸清孩子这些最重要最敏感的方面，在实践活动中，应设法避免孩子在这方面受到挫败，一旦发生失败，应及时加以补救。

最后，不可让孩子当众出丑。

在任何情况下，都要保全孩子的面子，不可刻意让孩子当众出丑，特别不能在别人的面前揭孩子的"伤疤"。

英国教育家洛克说过："父母不宣扬子女的过错，则子女对于自己的名誉就愈加看重，他们觉得自己是有名誉的人，因而更会小心地去维持别人对自己的好评；若是你当众宣布他们的过失，使其无地自容，他们便会失望，而制裁他们的工具也就没有了，他们愈是觉得自己的名誉已经受了打击，则他们设法维持别人的好评的心思也就愈加淡薄。"实际情况正如洛克所述，孩子如若总是被父母当众出丑，甚至被揭开心灵上的"伤疤"，那么孩子自尊、自爱的心理防线就会被击溃，甚至会产生以丑为美的异常心理。

节日礼仪习俗

但愿人长久，千里共婵娟

每年中秋，面对一轮明月，不少人心中自然会浮现苏东坡在中秋之夜写下的那首《水调歌头》："人有悲欢离合，月有阴晴圆缺，此事古难全。但愿人长久，千里共婵娟。"这些引起了千古共鸣的词句扣人心弦，以至有人评说"自东坡《水调歌头》一出，余词俱废"。

中秋过节，人们常会将它与上古时代我国的神话传说"嫦娥奔月"联系在一起，故事讲述的是嫦娥被逄蒙所逼，无奈之下，吃下了西王母赐给丈夫后羿的一粒不死之药后飞到了月宫的事情。"嫦娥奔月"的神话源自古人对天象的崇拜。

自古以来，中秋节便有祭月、赏月、吃月饼、玩花灯、看望亲人、吃团圆饭、赏桂花、饮桂花酒、猜谜、观潮等民俗，流传至今，经久不息。中秋节以月之圆预示人之团圆，寄托思念故乡、思念亲人之情，祈盼丰收、幸福，成为了我国弥足珍贵的文化遗产。

中秋祭月（拜月）是我国一种十分古老的"秋暮夕月"的习俗，是古人对"月神"的一种崇拜活动，人们设大香案，摆上苹果、红枣、李子、葡萄等祭品，全家人依次拜"月神"，祈求福佑。祭月活动延续至今，逐渐演化为民间的赏月、颂月活动，将严肃的祭祀变成了轻松的欢娱，成为现代人渴望团聚、寄托对生活美好愿望的主要形态。

吃月饼是我国各地过中秋节的必备习俗，这天要将吃月饼作为要事以示"团圆"。月饼是古代中秋祭拜"月神"的供品，后来人们逐渐将月饼象征团圆，把品尝月饼作为家人团圆的活动。

中秋节以赏月和月饼为符号的礼仪习俗是由家庭为承载而完成的，主要是通过家庭来影响孩子，将此传统印刻在孩子的脑中，持续影响孩子的一生。

在中秋之夜，"每逢佳节倍思亲"，触景生情，感慨油然而生，脑中浮现"但愿人长久，千里共婵娟"的词句，让人有一种想哭的冲动。这是从儿时就开始的熏陶，让人认同中秋习俗，适应并依赖其所在的中华传统文化。可以说，中秋的礼仪习俗可以唤起普天之下、天涯海角中国人共同的情愫。

清明时节雨纷纷

如果说，中秋节发扬和传承的是中华伦理文化和习俗，那么清明节发扬和传承的则是中华祭祀文化和习俗。

"清明时节雨纷纷，路上行人欲断魂"，每逢这个时节，追思的怀念和哀伤如同绵绵细雨，弥漫在整个中华大地上。

清明节源自古时扫墓祭祀、缅怀祖先的礼仪习俗。现今，扫墓祭祖与踏青郊游是清明节的两大主题，是中华民族自古以来的优良传统，有益于弘扬孝道，可唤醒家族的共同记忆，增进家族成员之间的亲情、凝聚力和认同感。清明节融汇了自然节气与人文风俗，体现的是中华民族先祖们追求"天、地、人"的和谐统一。

清明节祭祀活动也是由家庭承载并完成的，同样是通过家庭来影响孩子的。清明节祭祀通过"慎终追远"，对祖先、对个体自身所在的生命秩序进行重视和思考，是对血脉相连的亲人的追思和怀念。

清明节对于孩子的教育意义深远，其中有关文化传承、生命和亲情的话题，对人伦秩序的确立和认同，是对孩子影响最大的一些要素。清明节祭祀的习俗看似是一种年年都不变的程序，不断地重复着同样的一份心情，但是自小至大，却让人拥有了认同感和归属感，成为了人心灵深处流淌不尽的温情、延绵不绝的牵挂，成为了家庭的一种情感归属。

习俗主导着孩子的经验和信仰

自 2008 年起，春节、清明节、端午节、中秋节四个千年沿袭的传统民俗节日被确定为"全体公民放假的节日"，强调了它们的社会文化地位，突出了它们的礼仪习俗功能：认同功能、凝聚功能、情感功能和交往功能。除了这四大传统民俗节日外，我国的传统民俗节日还有元宵节、重阳节、腊八节等。

礼仪习俗是中国古代的宗法制度以及与此相呼应的礼节仪式和道德规范，是家庭对孩子实施道德教育的绝佳途径。

春节的年夜饭和压岁钱、端午节的粽子和划龙船、重阳节的重阳糕和登高、腊八节的腊八粥和腊八面等，都是中华传统礼仪习俗的符号，都由家庭承载，并通过家庭使孩子的成长过程发生在礼仪习俗的程序之中。在每年如期依次而至的节日礼仪习俗中，孩子的德性培育也就自然而然地进行着。

美国文化人类学家本尼迪克特曾说过："习俗在经验和信仰方面都起着一种主导性作用。""婴儿落地伊始，社群的习俗便开始塑造他的经验和行为；到牙牙学语时，社群的习惯便是他的习惯，社群的信仰便是他的信仰，社群的戒律也已经成为他的戒律。而且每个出生于他那个群体的儿童都将与群体成员共同适应那个群体的那些习俗。"① 她甚至认为是由习俗而不是天性塑造了人。

节日礼仪习俗基于文化，期望以德，传递以善，系之以情，导之以行，使得天地之德与人间生活浑然一体，使对孩子的道德教育变得自然、扎实、通俗和有效。

---

①［美］露丝·本尼迪克特. 文化模式［M］. 王炜，等，译. 北京：社会科学文献出版社，2009：5.

— 过大年 —

过年的变化

现在的孩子也许有了一些新的过年形式，或者说，一些老的传统被赋予了新的意义，或被新内容、新形式取代了。例如，"云拜年"逐渐成了新时尚，人们采用线上的方式相互表达美好祝愿，还可轻松发送、收取红包（压岁钱）。又如，送拜年礼物，不用亲手提着沉重的礼品，网上平台的购买和配送都很方便。

但是，春节作为我国民间最盛大的节日，其文化意义和人文精神必须世代相传。如果我们的后代认为过年大可不必，这不能不被认为是我们民族的灾难，是我们教育的失败，因为他们连自己的根在哪里、魂在何处都已经遗忘了。

年是中华传统文化的浓缩，中国年俗有说不完的故事，道不尽的风情。对于每个中国人来说，都应该庆祝这一节日，期盼着长大一岁以后有一个崭新的开始。

要跟孩子说说"过年"的那些事。

过年的人文精神

过年是一种文化，反映的是我国人民自然崇拜、天人合一、慎终追远、固本思源的人文精神，反映的是最原始的两种信仰：天地信仰和祖先信仰。千百年来，代代相传，成为了民俗，成为了中华民族生活中文化精粹的集中展示。

中华文明起源于农耕文明，农历是靠天吃饭总结出来的节气。春节是农历年的一年之首，是传统意义上的年节，俗称新春、新年、岁旦等。新春意味着万物复苏，昭告天下播种、采集、渔猎的季节已经开始了。农历新年被称为"过年"，从腊月到正月十五新年结束，充满了农耕文明中过年的节日气氛，洋溢着喜庆和欢乐。

民谚道："二十三、祭灶官，二十四、扫房子，二十五、磨豆腐，二十六、去割肉，二十七、杀只鸡，二十八、蒸枣花，二十九、去打酒，大年三十儿捏饺儿，初一撅着屁股乱作揖儿！"这反映的是民以食为天，在春节里，人们每日以食为主，享受着一年劳作的农耕年味儿。

在传统意义上，春节突出的节日意义是天地人伦，集中体现在"回家"和"团聚"上。在春节期间，大家都会放下手里所有的事情，不远万里，奔回到"家"这个地方，与父母、家人聚在一起，使用一致的春节符号，这就是过年。所谓春节符号，是由一系列礼仪习俗符号串联起来的，从腊月到正月，年货、团圆饭、除夕的鞭炮、交年的饺子、元宵的汤圆、孩子的压岁钱和新衣服、正月的祭祀、走亲戚等，表述着中华伦理文化的风情，共享着一年之中的收获，并作为来年无限美好期待的起点。

跟孩子说说过年的那些事，为的是培根铸魂，让他们从小浸润在过年一类的民俗生活中，接受中华传统文化的熏陶，认同最基本的文化指令和文化符号，学习如何做中国人。

祈福攘灾

每逢新春佳节，家家户户都要在屋门上、墙壁上、门楣上贴上大大小小的"福"，这是民间由来已久的习俗。春节贴"福"字，古往今来都用以寄托人们对幸福生活的向往，对美好未来的祝愿。

在《说文解字》中，"福，佑也"。即只要有神灵保佑，就能逢凶化吉。用过去的话说，"福"就是"福气""福运"，用现在的话说，"福"就是"幸福"。

古人为"福"定了五条标准，成为了迄今依然在民间具有影响力的"幸福观"。

在《尚书·周书·洪范》一书中，认为五福"一曰寿，二曰富，三曰康宁，四曰攸好德，五曰考终命"，即长寿、富贵、健康平安、修行美德和长寿善终。东汉桓谭为了避讳，把"考终命"作了更改，即五福为："寿、富、贵、安乐、子孙众多。"五福相对于六极，即"凶短折、疾、忧、贫、恶、弱"。

人们普遍认为，五福齐全才能构成美满的人生，人生不如意之事不胜枚举，皆为五福不全之憾。例如，有的人虽长寿，但贫贱度日，即没有福运；有的人虽地位高贵、丰衣足食，但却殚精竭虑，寿短早夭，也属没有福气。"五福临门"成了新年伊始人们最大的期盼。

在汉文化中，第四福"攸好德"是五福中最为重要的，因为"德"是"福"的原因和根本，"福"是"德"的结果和表现。"攸好德"中的"攸"，即性命攸关中的攸，"好"说的是喜好，所谓的"攸好德"，即人要有道德、有德性，能顺应天道（自然），心性仁善。"攸好德"的人，才是真正有福气的人。

虽然"五福"后来被演化为"福禄寿财喜"，这似乎更符合世俗的要求，但是心灵安宁、有美德当属于对精神层面的更高要求。

为孩子祈福，德为先。

新春为孩子祈福，期盼孩子"攸好德"。

在餐桌上

餐桌上的礼仪

在餐桌上，孩子的神态、表情、坐姿、动作、目光等，都在用无声的、丰富的"语言"告诉他人，这个孩子从小接受的是怎样的家庭教育，预言着他日后可能的成就。一个孩子在餐桌上的不雅言行举止，反映的不只是他的恶习，更是他父母的教育、他所在家庭的整体素养等。

世界级的礼仪大师威廉·汉森说："善于观察的人，只用一顿饭的工夫，便可知其父母生活的背景及其教育背景。"

民以食为天，作为礼仪之邦的中国，礼仪规则、规矩首先体现在餐桌上，它在中国人的完整生活秩序中占有十分重要的地位。

中国人餐桌上讲究的基本礼仪规则、规矩如下：

- 用餐前（长者先，幼者后），家人各就各位，全家人坐定后方可动筷；
- 端碗、拿筷姿势正确，大拇指在碗边缘，其余四个指头放在碗底；
- 餐食在口中时不说话；
- 不用筷子翻拣盘中食物，筷子上沾有食物时不夹菜，夹菜时尽量使用公筷；
- 不挥动餐具指人；
- 用餐过程中随时保持桌面的整洁；
- 三餐定时、定量，不偏食、不暴食，不浪费食物；
- 退席时将食物残渣收拾在自己的盛器内，向同桌者轻声告退。
- ……

不用太多对孩子讲为什么要这样做，这是规矩，按照这样的规矩做，自然就会成为习惯。

餐桌上的文化熏陶

一家人聚餐共食，意在血缘，意在人情，餐桌上正是对孩子进行文化熏陶的好时机。

如果说，要找一个词简要地说明中国人餐桌上的文化特征，那就是"和合"，这个词能够体现中国人餐桌上的文化内核。"和合"中的"和"，指和谐、和平、祥和；"合"指结合、融合、合作。"和""合"连在一起，就是把不同的事物统一于一个相互依存的"和合体"中，相互吸收对方的优长，克服自身的短处，使之成为最佳的组合。例如，阴阳、天人、男女、父子、上下等相互不同，但是可以有机地合为一体，成为"阴阳和合""天人合一""五教和合""五行和合"等。

中国菜，无论是煎炸、爆炒、蒸煮、焖焗还是凉拌，几乎都是将主料和佐料混在一起下锅上桌。一些名菜，如"全家福""佛跳墙"等，更是多种主料和佐料的和合。

中国人吃饭，喜爱团团围坐，一家大小互敬互爱、共叙天伦。例如，逢年过节，吃团圆饭是很多人在节日期间的主要活动，特别是每年一次的年夜饭，有如下菜品：鸡（吉祥如意）、鱼（年年有余）、合菜（金银满堂、和和美美）、芋头（家庭美满、团团圆圆）、南瓜（多子多孙、福运绵长）、花生（长寿健康）、年糕（年年高）、饺子（更岁交子、团圆福禄）、汤圆（团团圆圆、阖家幸福）。这些都成为了不可缺失的文化符号，被赋予了与农耕文明一致的文化意义。又如，中国人喜爱吃火锅，火锅热，表示"亲热"；火锅圆，表示"团圆"；火锅用汤水处理原料，表示"以柔克刚"；火锅不拒荤腥，不嫌寒素，用料不分南北，调味不拘东西，表示"兼济天下"；火锅荤素杂糅，五味俱全，又体现了一种"中和之美"；火锅最为直观地体现了"在同一口锅里吃饭"这样一种"共食"的意义。

中国人在餐桌上使用的是筷子，体现的也是"和合"，而西方人使用刀叉，体现的则是"分"。两根筷子合为一体，能解决饮食中所有的功能。筷子一头圆，一头方，圆象征天，方象征地，对应天圆地方，这是中国人对世界基本原则的理解；人在手持筷子时，拇指食指在上，无名指小指在下，中指在中间，这是天地人三才之象，是中国人对人和世界的关系理解；使用筷子时，一根为主动，另一根为从动，主动为阳，从动为阴，这是两仪之象；筷子的标准长度是七寸六分，代表人有七情六欲，以示与动物有本质的不同；用筷子给客人夹菜，既客气，又和气，既稳重，又文雅；……

在餐桌上吃饭，让孩子能在每日用餐中得到的是日常但深刻的教育，"阴阳调和""群体意识""以和为贵"等，都嵌入孩子的头脑中，让孩子明白"我是中国人"。

餐桌上的禁忌

在餐桌上，有一些禁忌是相当多的中国人约定俗成的，是许多家长教育孩子的行动要求。

餐桌上的禁忌，就是在就餐时被禁止或忌讳的言语和行为。

禁忌一词原指"神圣的""非凡的"，后被引申为"禁止的""危险的"。人类的道德始于禁忌，人类通过禁忌约束社会行为，维护社会道德秩序，平衡社会利益，淳化民风民俗，防止可能发生的灾祸。

从婴儿落地伊始，社群的习俗便开始塑造其经验和行为，在牙牙学语时，社群的习惯便是其习惯，社群的信仰便是其信仰，社群的戒律也已经成为其戒律。多少年以来，某种文化、某个社群所形成的禁忌具有一定的积极意义，但也有可能会带有一些迷信色彩或其他不健康的因素。

一些餐桌上的禁忌背后都隐藏着一些老习俗的隐喻，但是对于孩子认同"民以食为天是神圣的"，尊重他人并受人尊重，养成"吃有吃相"的行为习惯，在总体上还是有益的。

引言

在幼儿家庭教育中，除了教育孩子学习做人外，还要教育孩子学习语言、数学、科学、音乐、美术、健康等方面的内容，体现出"德育为先，五育并举"的教育规律。

生命教育是教育的"原点"

有生命，才有人生的一切。生命教育就是让孩子认识生命、尊重生命和珍爱生命，积极提升生命的价值和质量，实现生命的意义。

保护孩子的创造性思维

孩子没有清规戒律的束缚，不受名利富贵的诱惑，他们喜爱遐想，言行中隐含着成人难以想到、做到的"梦想"，需要给予保护。

童谣，孩子独特的书面游戏

童谣能通过语言、韵律、谐趣，打开孩子心灵的窗户，陪同孩子一起成长。童谣有益于孩子认识周遭的世界，认识自己的生活，得到真、善、美的熏陶。

要趁早多读经典的绘本

绘本是孩子最好的读物，要选择好的绘本，不要怕读不懂。

在日常生活中获取数理经验

在日常生活中获取数理经验，是孩子获取数概念的基础，在不经意地给予孩子数的刺激，有益于孩子数概念的获得。

学习数学的几个"妙招"

生活、游戏、弈棋、童谣等都能有效促进孩子数学思维的发展。

科学思维来自自己的探索

给予孩子的应该是科学思维和探究精神，只有这样，孩子才有可能有所发现，有所创造，才能应对未来不断变化的世界。

不只是想，更要去做

孩子的创造能力不仅要建立在创造性思维之上，还要能解决问题，动手去做，并得到结果。

美的教育让人变得高尚

对孩子进行美的教育，能滋润孩子的心田，使孩子变得高雅、高尚，成为精神世界丰富多彩的人。

音乐，世间最美妙的尤物

音乐是人们陶冶情操的良方，是文明传播的阶梯，音乐可让孩子去领悟那些最善、最美的真谛，感受人间真情的律动。

"依样画葫芦"引出的话题

儿童美术教育是一把双刃剑，教得太多必然伤害孩子；教得太少，光有开花没有结果。

生命教育是教育的"原点"

珍惜生命，生命才有价值

人的生命只有一次，死后就不复存在了，那么生命的意义是什么呢？

有人说：人过留名，雁过留声。人生精彩地活了一瞬间，胜过浑浑噩噩地活过几十年。司马迁曾说过类似的话："人固有一死，或重于泰山，或轻于鸿毛。"

也有人说：人生是一个悲剧，生命并无意义。

其实，除了自己，没有人可以告知生命的意义是什么。

有个小故事，可以让人感悟人生的价值、生命的意义。

有一个在孤儿院里生活的小孩，常去问院长："像我这样没有人要的孩子，活着究竟有什么意思呢？"

对于这个孩子的话，院长总是笑而不答。

有一天，孤儿院的院长给了这个孩子一块石头，并对他说："明天早上，你拿着这块石头到市场上去卖，但是要牢牢记住，无论别人出什么价钱，你绝对不要卖。"

第二天，孩子拿着石头蹲在了市场的一个角落，有不少人对他的石头感兴趣，愿意买他的那块石头，而且价钱越出越高。孩子听了院长的话，没有卖出。回到院里后，孩子向院长讲了事情的经过，院长笑了笑，让他来日将石头拿到黄金市场上去卖。

在黄金市场上，有人竟出了比昨天最高价还高 10 倍的价格，想买这块石头，孩子依然没有卖出石头。又一天，院长让孩子把石头拿到宝石市场上去，结果，石头的身价又涨了 10 倍，但是孩子还是不卖这块石头。这块普通的石头竟然被宝石市场传扬成为了稀世珍宝。

孩子兴冲冲地捧着石头回到了孤儿院，并不解地问院长为什么会发生这样的事情。院长望着孩子慢慢地说道："人生命的价值就像这块石头一样，在不同的环境中就会有不同的意义。一块不起眼的石头，由于你珍爱它，惜售它，就提升了它的价值，后来竟被传为稀世珍宝。你不就像这块石头一样吗？只要你自己珍惜自己，爱护自己，你的生命就有意义，就有价值。"

孩子听后恍然大悟。

让孩子学会珍惜生命、爱护生命

有言道：生命是一，其他为零。

演绎这句话，那就是：没有了生命，一切都归"零"，其他的都没有意义；有了生命，在"一"后面的"零"，才各具意义。

从小对孩子开展生命教育，让孩子珍惜生命、爱护生命，这应该是教育的"原点"。

生命的价值是人赋予的，有生命，一个人才有可能赋予生命存在的价值。生命教育就是教育孩子用积极的人生观赋予自己人生价值，帮助孩子认识生命、尊重生命和珍爱生命，积极地提升生命的价值和质量，实现生命的意义。

要让孩子逐渐地认识自我的生命和他人的生命，认识生命的生老病死过程，认识自然界其他物种的生命存在和发展规律，懂得生命来之不易，要学会保护生命。

要让孩子知道，自己出生的那一刻，正是母亲最痛苦的一刻。为了自己来之不易的生命，为了母亲那份疼痛，要以一颗感恩的心，去珍爱、保护自己的生命。

要让孩子懂得，生命是一个完整的过程，它不是一次彩排，它不会给一个人第二次机会，走过去就无法回头。即使对一个微不足道的生命，也不要轻易地去糟蹋它、残害它。

要让孩子通过学习，去感恩自然，去尊重生命。不仅要关怀人类的生命，还要关怀其他物种的生命，要用平常心对待死亡现象，感悟大自然的神奇，从而更加珍爱生命，体悟生命的价值。

要让孩子通过实践，去接受生命的独特性、差异性，尊重生命的多样性及其共存共在的生命世界，不分地域、国家、种族、物种，不论贫富贵贱、有无残疾，都要平等地对待每一个生命。

……

安全、健康是生命的底线

底线，是指最低的限度，是指不可或缺的条件。生命的底线就是健康和安全。换言之，没有健康和安全，就谈不上生命的价值，不涉及安全教育和健康教育，生命教育就没有具体的实际意义及入手之处。

父母对孩子的安全教育主要可以从以下方面入手：

- 提高孩子的自我保护意识。例如，不可玩火，不可独自触碰药品，不吃陌生人给予的食品，不随便跟陌生人离开自己熟悉的地方，在体育活动前要先做好准备活动等。
- 自觉遵守有关的安全制度和行为规范。例如，要遵守交通规则，不乱穿马路，不攀高走险，不在街上、楼道、水边打闹和嬉戏，不携带和玩耍刀具及易燃物品等。
- 应对紧急事件的能力。例如，在自己生病、受伤等状态下知道及时告知父母或其他人，遇到地震、火灾、水灾、歹徒行凶等危急事件知道如何简单地应对，知道求救的方法等。
- ……

父母对孩子的健康教育主要可以从以下方面入手：

• 培养孩子对体育活动的兴趣，积极参与体育活动和户外游戏，提高动作的协调性和灵活性，增强身体素质，提高运动能力。

• 培养孩子个人的卫生习惯，例如，自己洗脸、洗手、刷牙、穿脱衣服鞋袜、吃饭、收拾整理玩具和用品、按时睡眠、定时定量饮食和大小便，养成勤洗手、勤洗头、勤洗澡、勤换衣、勤理发、勤剪指甲等卫生习惯。

• 培养孩子保持公共场所的清洁、不乱丢果皮纸屑。

• 培养孩子良好的生活方式，包括注意饮食与营养卫生、消费卫生等。

• 培养孩子维护自身心理健康的行为。

• 培养孩子建立正确的性别认同、性别角色意识和行为。

• ……

保护孩子的创造性思维

圆是什么

有个心理学家做过一个小实验，他在纸上画了个圆，然后到幼儿园、小学和大学，分别询问幼儿、小学生和大学生："这是什么?"幼童不假思索地报出了一连串的东西："是苹果、是梨、是番茄、是太阳、是眼睛、是鼻孔……"小学生说："是句号、是零、是英语字母O。"大学生则说："是一条曲率处处相同的封闭的曲线。"

从这个小试验，人们可以思考以下几个问题：

- 幼儿、小学生和大学生，哪个群体的回答最准确?
- 哪个群体的回答更富有创造性?
- 培养孩子的创造性思维，应该关注些什么问题?
- 创造性教育应该怎么做?
- ……

很显然，在回答"圆"是什么的问题时，大学生的回答最为准确，即准确地定义了圆。

也很显然，在回答"圆"是什么的问题时，幼儿的回答最"不靠谱"，似是而非，各说各的，大相径庭。

衡量一个人是否有创造性思维，其依据常是人思维的"独创性""流畅性"

"发散性"。独创性指的是思维独特，跟别人不一样；流畅性指的是思维不受阻滞，通达流畅；发散性指的是思维的扩散状态，如多种解释。

幼童是最富有创造性思维的，他们不受清规戒律的束缚，不受名利富贵的诱惑。他们富有想象，天马行空。他们的言行看似幼稚，却隐含着成人往往难以想到、做到的"梦想"。

孩子生来就有好奇心、想象力和创造性

孩子与生俱来就有好奇心、想象力和创造性，他们用自己的方式在探索世界，得出自己的结论。

下面的一段对话，是山东省青岛市黄岛区的孩子们在参观蔬菜大棚的过程中讨论生死问题的记录：

"你们看，这株西红柿死了。"

"不是死了，是蔫了。"

"蔫了就是死了。"

"这株西红柿还没有死。你看，这里还是活的。"

"哪里还是活的？"

"这里。我爸爸说，里边干了才是死了。这里是湿的，就是没有死。"

"一定是死了，要不放到这里干什么？"

"我知道了。这一株西红柿的叶子已经死了，因为它的叶子已经蔫了；但是它的茎还没有死，因为这里边还没有干。"

"这么说，它既是死的又是活的？"

"它是有点死了。"

……

"你看，这里有一个掉到地上的西红柿。我想它也死了。"

"它还是活的。它里边有水。"

"它没在树上就是死了。"

"是活的。烂了才是死了。"

"这个西红柿还可以吃，没有烂。"

"如果你吃它，你就是在吃活的东西。"

……

生和死，是生物的两种截然相反的状态。对同一生命体而言，生当拥有生的诸多属性，死当意味着诸多生的属性的丧失。对于这样学术化的表述，孩子恐怕连听都听不明白。

孩子对生和死的理解比我们简单得多，但也不要小看了孩子，他们的经验虽然不多，思维却不受限制，初生牛犊不怕虎，敢于大胆地去想、去说、去跟别人争论。

孩子会说："蔫了就是死了。""干了才是死了。""没在树上就是死了。""烂了才是死了。"他们也会说："这个西红柿还可以吃，没有烂。""如果你吃它，你就是在吃活的东西。"他们还会想到，有些西红柿"既是死的又是活的""它是有点死了"……

成人往往只求一个答案，一个正确的答案；孩子则不然，他们很好奇，他们要去探索，他们会想得更多，有时很独特；他们会想得很快，有时会信手拈来；他们会想得更广，有时很发散。

在这些方面，成人比不上孩子。

改变自己，才能保护孩子的创造性思维

在成长的过程中，孩子的创造性思维和能力常被成人扼杀了，因为做父母的人常常墨守成规，有太多的预设，不允许孩子做傻事或犯错误，不允许孩子瞎折腾，不理解孩子的脑洞大开，不容忍孩子偏离寻常轨道。

若要保护孩子的创造性思维，父母只有改变自己。

首先，要允许孩子瞎折腾、做傻事，甚至犯错误。

清华大学的邱虹云，在求学时就获得了许多发明奖，他说："宽容的父亲启迪我的发明之路。"

一次，邱虹云在田里看到农民在耕地，爸爸告诉儿子农民在种地，粮食、水果和蔬菜都是他们种出来的，只要撒下种子，浇水施肥，就能长出果实来。回家后，邱虹云找来一把小铁铲，在地上挖出一个小坑，把自己喜爱吃的一块糖果小心翼翼地放进坑里，用土埋好，接着又撒了泡尿。他还天真地对父亲说："爸爸，我在种糖果树！它一定会结满好多好多的糖果，怎么吃也吃不完！"说完后，邱虹云还低头念叨了两遍："小糖小糖，快快长大。"

邱虹云的爸爸没有阻止孩子的行动，他只是笑了笑，并没有告诉孩子这是根本不可能做到的。他心里明白，他要把这个种糖果树的孩子培养成一个小发明家。

其次，要接受孩子的不合规、不完美。

孩子会根据自己想象，画出"难看的"画，讲述"出奇的"故事，用成人无法理解的话解释他们周遭的世界。成人要接受眼中的不合规、不完美，一旦放弃自己脑中已经预设的合规和完美时，孩子就会进入一个完全不同的世界。

再次，要给予孩子去思考多种不相关可能性的机会。

世界上许多事物的发生、发展及其对它们的解释都有多种不确定的可能。孩子的认识和思维尚未定型，激励孩子发散性地去思考，有益于培养其创造性思维和能力。

最后，不要在意别人的评价。

有人说过："一个新的想法是非常脆弱的。这样的人可能被一声耻笑或一个呵欠扼杀，可能被一句嘲讽刺中身亡，或者因某位权威人士皱一下眉便郁郁而终。"孩子的异想天开虽然十分可贵，但却十分脆弱，要费尽心力给予保护，要去接受，甚至去赞美，让孩子不要去在意别人的评价。

童谣，孩子独特的书面游戏

　　在很多人的记忆中，《摇啊摇》是自己看到将孩子抱在怀里的妈妈唱的，边唱边摇动着孩子，孩子似乎根本就听不懂。

> 摇啊摇，摇到外婆桥，
>
> 外婆夸我乖宝宝。
>
> 糖一包，果一包，
>
> 又是饼，又是糕，
>
> 吃不完，就打包。

　　在很多人的记忆中，《小老鼠上灯台》是自己童年时跟随着别的孩子念唱的，开始时念唱有点难，后来也就朗朗上口了，有时还会附带着一些简单的动作。

> 小老鼠，上灯台，
>
> 偷油吃，下不来。
>
> 喵喵喵，猫来了，
>
> 叽哩咕噜滚下来。

　　在很多人的记忆中，《大头》是自己在童年时与弄堂里的孩子们一起玩游戏时唱的，唱得格外流畅和自信，语气里还带有一丁点的幽默和顽皮。

　　　　　　　　大头大头，下雨不愁，

　　　　　　　　人家有伞，我有大头。

　　几乎在每个人头脑中都有对许多首童谣的记忆，人生途中有时偶尔会想起自己的童年，几首儿时的童谣就会油然浮现在脑海中，不由得泯然一笑，虽俱往矣，却回味无穷。

　　几乎每个人都以不同方式由童谣伴随着长大，童谣适合孩子听与唱，孩子喜欢倾听与念唱有趣的、生动的、有韵律的童谣。童谣是孩子的诗歌，有孩子就有童谣，世界各国、各民族都有童谣，即使没有文字的族群也会有自己的童谣。

童谣打开孩子心灵的窗户

　　流传在民间的童谣千千万万，内容包罗万象。童谣能通过语言、韵律、谐趣，打开孩子心灵的窗户，陪同孩子一起成长。在倾听、吟唱童谣时，孩子认识周遭的世界，认识自己的生活，得到真、善、美的粗浅体验和熏陶。

　　孩子的学习是综合的，整体的，不分学科的。一首好的童谣，常常将品德、语言、数学、科学、艺术、健康、社会等教育内容糅合在一起，让孩子在念唱童谣时自然地学习各方面的内容。

　　孩子的学习是以其需要为导向的，是在兴趣驱动下进行的。一首好的童谣，就是一个独特的书面游戏，有节奏，有动感，能赢得孩子的喜爱，叠字叠词，随韵铺陈，能让孩子体验文字的谐趣。

　　经典的童谣不胜枚举，此处列举一些，说明童谣能激发孩子的兴趣，能为孩子提供整合式的教育。

雪　娃　娃

　　　　门口有个雪娃娃，

　　　　张着嘴巴不说话，

　　　　我拿苹果去喂他，

叫他不要想妈妈。

（语言、科学、社会……）

小　剪　刀

小剪刀，张嘴巴，

不吃鱼，不吃虾，

爱吃娃娃的长指甲。

（语言、健康、科学……）

做　早　操

小朋友，起得早，

一二三四做早操。

先学鸟儿飞，

再学马儿跑，

天天做操身体好。

（语言、健康、数学……）

金　钩　钩

金钩钩，银钩钩，

说话要算数，

不然是小狗。

金钩钩，银钩钩，

说话要算数，

请你伸出小手手。

一二三，

勾呀勾呀勾三勾！

（语言、品德、数学、社会、健康……）

一二三，爬上山

一二三，爬上山；

四五六，翻跟头；

七八九，拍皮球；

伸出两只手，

十个好朋友！

（语言、数学、健康……）

找　妈　妈

小蝌蚪儿小尾巴，

游来游去找妈妈，

"妈妈妈妈你在哪?"

"来了来了我来啦!"

来了一只大青蛙。

（语言、科学、数学、社会……）

圆 圆 和 圈 圈

有个圆圆，

爱画圈圈，

大圈像太阳，

小圈像雨点。

晚上圆圆睡了，

圈圈很想圆圆，

悄悄地，慢慢地，

滚进圆圆梦里面。

一会儿变摇鼓，

围着圆圆玩，

一会儿变气球，

围着圆圆转。

圆圆睡醒了，

圈圈眨眨眼，

变成大苹果，

躲在枕头边。

（语言、艺术、科学、数学……）

唱个手指谣，做做手指操

苏联教育家苏霍姆林斯基曾说过："儿童的智力发展体现在手指尖上。"教育学家蒙台梭利也说过："儿童每一次伸出自己的小手，都代表自我在努力进入这个世界之中。"

将童谣与孩子手指的动作结合在一起，那就是手指谣和手指操。

对于幼童而言，手指的活动是大脑的体操。当幼童的手指做精细动作时，对其思维的发展能起促进作用。手指谣和手指操将以语言为载体的学习与孩子动作的发展紧密地联系在一起，不仅富有童趣，而且富有动感，如若与他人在一起唱、一起做，更能增进孩子与他人之间的互动。

对于父母而言，手指谣和手指操是与孩子一起游戏、一起学习的良好载体。手指谣易学、易操作，直观、有趣，能直接看到孩子的进步，产生进一步与孩子互动的动机；手指操随意、信手拈来，动态、多变，能让人回味、重温自己童年快乐的时代，缩短自己与孩子之间的距离。

学习几首经典的手指谣，做做相应的手指操，应该是做父母的人所需要的。

小　手　指

两个拇指弯弯腰，点点头。

两个食指变公鸡，斗一斗。

两个小指勾一勾，做朋友。

　　两个手掌碰一碰，拍拍手。

十 只 小 猴

　　十只小猴，（把手张开，伸出十个指头）

　　拍拍手。（拍手）

　　上蹦蹦，（指尖向上拍手）

　　下跳跳，（指尖向下拍手）

　　翻个跟头，（两个手互相绕一圈，把手张开）

　　握握手。（握手）

五 指 歌

　　一二三四五，（右手食指依次点数左手每个手指一次）

　　上山打老虎。（左手大拇指与小指伸直中间三指弯曲做老虎头，右手握拳击打三次）

　　老虎打不到，（双手伸直，五指张开，伸屈三次）

　　打到小松鼠。（左手小指伸直其他几指握拳，右手握空拳，左手小指插入右手拳心随节奏进出三次）

　　松鼠有几只？（双手食指伸直，其余手指握拳，两食指自绕三圈）

　　让我数一数。（双手张开手心向上一次，再向下、向上各一次）

　　数来又数去，（左手张开，右手食指点左手心三次，左手随右手点的节奏前后摇动两次）

　　一二三四五。（右手食指依次点数左手每个手指一次）

小 蜜 蜂

　　一只小蜜蜂，（前两个字两手大拇指指尖相对，其余手指握拳，后三个字两手手心对着自己，两手大拇指相扣）

　　飞到花丛中。（保持刚才的状态，左右手除拇指外，其余手指同时

前后摆动四次。手臂由下向上移动）

　　花儿齐开放，（一二字左手五指并拢手心向上、右手五指并拢手心向上，后三个字双手手腕相对且并拢，手指弯曲做花开状。）

　　蜜蜂采蜜忙。（手心向下，两手臂保持一段距离，除大拇指外，其余手指同时上下动四次，做蜜蜂飞，手臂由下向上慢慢移动。）

要趁早多读经典的绘本

读书要趁早，要超前读书，多读经典

我国作家王蒙先生在讲到"读书"时，讲了一句话："读书要趁早，要超前读书，多读经典。"这句话言简意赅，将读书的要点讲得十分透彻。

"读书要趁早"，他解释说："越是年轻时，读书印象越深。比如现在我有时候还写旧诗，大致合乎规则，还是靠小时候背诵《唐诗三百首》等书的'老底'"。

"要超前读书"，他解释说："你要读一点感到费劲的书，一下子不完全懂的书。读书可以有各种选择，有人是怎么舒服怎么读，我并不反对这种读书。不过，读书不能仅限于娱乐消遣。最好还是读点费劲的书，而且费劲读下来的书，往往是最有趣的，也是一种积累。"他还说："所以我说要加码读书，加码读书在我们中国有一个词，叫作'攻读'，攻就是进攻，跟攻城一样。攻读，是抱着一种作战的英勇，全身心紧张起来读书。这种读书，最后会让你受益匪浅。"

"多读经典"，他解释说："读什么样的书，的确是个问题。我有几个建议。第一，要读经典，经典是经过历史考验的。第二，要掌握足够的工具书，比如字典、百科全书。第三，如果有可能的话，读一点外文书"。

王蒙先生的话是针对成人说的，但是就幼儿读书而言，道理是同样的。对幼儿而言，"读书要趁早"，就是在启蒙阶段，就要让孩子读书，不要耽误；"要超前读书"，就是不要怕读的书太难，不要在乎孩子当时是否懂得，超前一点更为有效；"多读经典"，就是"读书很重要，但是读什么书更重要"，一定要慎重地选择经典的书籍，而非去读"下三滥"的东西，要从小给予孩子真善美的熏陶。

绘本是幼儿读书的很好选择

绘本，顾名思义就是"画出来的书"，俗称图画书，它以大篇幅的图画为主，搭配简短的文字，简单、明了地直奔主题，内容涉及孩子生活的各个方面。

有人说，绘本是一种独特的儿童文学形式，是"儿童文化的呈现"，为孩子打开了通往外部世界的大门，孩子还可以借助绘本进入自己的内心世界，寄托自己的情绪、情感。

绘本诞生于欧洲，20世纪先后流向美国、韩国、日本、中国台湾地区，开始受到热捧，到21世纪，绘本已经成为全世界公认的儿童读物。

"读书要趁早"，阅读绘本与孩子的身心特征最为符合，幼儿期的孩子不识字，但是对于图片的感知能力比较强，因此将绘本作为孩子人生中的第一本书，是孩子阅读的好选择。

"要超前读书"，不用担心绘本太难，怕孩子不懂。一本好的绘本，一定是经得起反复阅读的书籍，所谓的"温故而知新"，指的就是多次阅读同一本书，在不同的年龄阶段读同一本书，每次都可能会有新的收获。

"多读经典"的关键在于会给孩子选择绘本，选择优质的绘本。世界上有许多图文并茂的经典绘本，诸如《猜猜我有多爱你》《活了100万次的猫》《鱼就是鱼》《世界上最最温馨的家》《我爸爸》《我妈妈》《外公》《月亮的味道》《爱心树》《花婆婆》《三只小猪》《我不知道我是谁》《爷爷一定有办法》等。

我国的绘本作者也出版了不少经典的绘本，而且很多都与我国的优秀传统文化紧密结合，诸如《神笔马良》《三个和尚》《欢乐中国年》《团圆》《安的种子》《孔融让梨》《司马光砸缸》《狐狸的朋友》等。

要爱书、释书、疑书

王蒙在讲话中还说，读书要"爱书、释书、疑书"。

孩子阅读绘本，需要父母的帮助，"亲子阅读"是最为有效的。

父母要教育孩子从小要将书本看成是自己的朋友，要爱护图书。

释书、疑书是父母要做的"功课"。王蒙对释书、疑书的说明是：要"多角度对证书中的道理"，是要"活读书、读活书、读书活"。一本好的绘本，包括了语言、艺术、文化、社会、地理、历史、科学、生物等内容。释书、疑书不只是去读作者赋予书本的意义，还要由读者在解读书本的基础上自己赋予其新的意义，父母要练就这样的能力。

以绘本《变成小虫子，也要在一起》为例，说明父母与孩子在一起阅读时，如何做到释书、疑书：

一只田鼠和一只鼹鼠闹翻了。他俩本来是好朋友，又是近邻，

就为了一丁点儿的小事，他们吵得谁也不理谁了。

可是，没隔多久，他们就憋得浑身难受。

田鼠想出一个非常好笑的笑话，他太想讲给鼹鼠听了；

鼹鼠呢，他刚学了一首好听的歌，也想唱给田鼠听。

糟糕的是，他们吵架时说过，谁再上谁的家，谁就是叶子上的小虫子。

他们都不想当小虫子。

最后还是鼹鼠憋不住了，他给田鼠打了个电话："田鼠，我们和好吧，我们可以谈判！""和好？可以啊！"田鼠说，"你上我家来谈判吧。"

"不。"鼹鼠想起他们吵架时说过的话，"还是你上我家来谈判吧！"

他俩谁也不肯让步，最后还是鼹鼠聪明，他说："咱们选一个离两家一样远的地方，好吗？"

田鼠说："行，让我算算选什么地方好？"

田鼠挂了电话，开始算了起来。

田鼠家离鼹鼠家是20米，田鼠算了三遍，也没算出20米的一半是多少。

他只好给鼹鼠打个电话："请问，你家有计算器吗？我碰到了一点儿难题。"

鼹鼠说:"有啊。我可以借给你。"

田鼠赶快挂了电话,跑到鼹鼠家里,向他借来了电子计算器。

他到家一按按钮就算出来了,他们两家的中间,是在 10 米的地方。

田鼠马上打电话告诉鼹鼠,在离他家 10 米的地方谈判。

可是 10 米的地方在哪儿呢?

鼹鼠想,应该用尺量一量。

可是,家里没有卷尺呀。

他立刻打电话给田鼠:"喂,田鼠,你家有卷尺吗?"

"有啊,你来拿吧!"田鼠说。

鼹鼠飞快地跑到田鼠家,拿来了卷尺,他们从门前量起,10 米,正巧在一棵老榆树底下。

第二天,鼹鼠和田鼠一早来到了离家 10 米的老榆树底下。

谈判前,田鼠还了电子计算器,说:"谢谢你!"

鼹鼠还了卷尺,说:"谢谢你!"

他俩忽然笑了起来:"还谈什么呢?我们不是都串过门了吗?"

田鼠和鼹鼠拥抱在一起,唱起歌来:

两个好朋友,难分又难离,就是变成小虫子,也要在一起……

(绘本根据儿童文学家张秋生撰写原文的编绘)

多角度对照绘本中的"道理":

对 3—4 岁的孩子:

• 看图听故事:《变成小虫子,也要在一起》。(提示:不要在意孩子是否听得懂)

• 学唱儿歌《好朋友》:你拍手我拍手,大家一起真快乐。你点头我点头,我们都是好朋友。

• 模仿绘本，给鼹鼠和田鼠的图片涂色。

• 模仿绘本，用橡皮泥做鼹鼠和田鼠。

• ……

对 4—5 岁的孩子：

• 看图听故事：讨论好朋友闹矛盾时心情是怎么样的？

• 看图说话：鼹鼠（田鼠）和他的家。（提示：用描述性的语言）

• 看图说话：看表情和动作，解读鼹鼠和田鼠的心情。（提示：田鼠托着腮帮子，低着头，瘪着嘴；鼹鼠背着手仰头看天空，嘴巴瘪着）

• 看图听故事：讨论解决矛盾的方法（提示：田鼠和鼹鼠为了和好做过哪些事情）

• ……

对 5—6 岁的孩子：

• 让孩子看图创编田鼠和鼹鼠和好之后的对话。（提示：让孩子自己想象，孩子编的故事往往与其原有的生活经验有关，尽管有时成人难以理解，但要仔细聆听完）

• 和孩子一起表演故事《变成小虫子，也要在一起》。（提示：不以是否与绘本内容一致作为评价标准）

• 比较鼹鼠与田鼠的异同。（提示：如外貌、衣着、动作等）

• 用卷尺找到"距离一半"的位置。

• ……

在日常生活中获取数理经验

数学天才高斯的故事

有个广为流传的故事，赞誉数学界的泰斗高斯在童年时的数学才能：

在高斯还只有 8 岁的那一年，他的数学老师要求全班学生将 1 至 100 的全部数字都加起来算出结果，不然就不准回家。小高斯不愿意久留在学校，他动了一下脑筋，很快就将答案写在纸上，因为答案是正确的，老师不得不放他回家。第二天，那位数学老师问高斯为什么能算得那么快，小高斯说："我把 100 和 1 加起来，得到 101；把 99 和 2 加起来，他得到 101；把 98 和 3 加起来，还是得到 101；最终把 51 和 50 加起来，得到了 50 个 101，那就是 5050。数学老师十分惊讶，一个 8 岁的孩子居然发现了这种求级数之和的方法。

高斯生于一个贫困的家庭，父亲曾做过园丁、建筑工人、商人的助手和一个小保险公司的评估师，母亲是一个贫穷石匠的女儿，虽然十分聪慧，但没有接受过教育。高斯取得的成就与他天赋异禀、从小努力学习都有密切关联，但是也与他早年的生活经历有一些关联。

高斯的父亲曾一度整天为人家砌砖垒瓦，粉刷墙壁，他常带高斯到干活的工地上去。父亲干活，高斯就在边上为他递砖传瓦，或者自己用砖瓦"垒建"小房子。高斯的父亲没有教过高斯数学，但是建筑工地上的生活情景为高斯在头脑中建立起数概念提供了良好的机会。可以想象，在建筑工地上，高斯时时都会遇到诸如"要传递多少块砖瓦（数量问题）""已经递了几块砖瓦，还缺少几块砖瓦（加减运算问题）""把大小或形状一样的砖瓦或木材堆放在一起（分类问题）""把木材按长短排列（排序问题）""把大的木材放在下面，将小的木材放在上面（方位问题）"等一系列与数学有关的问题，建筑工地的实际工作情景迫使高斯去应对，并马上作出正确的反应，不断地刺激着高斯的数学思维，加上他是一个天资聪明、勤奋又爱动脑筋的孩子，因此，在童年时代，高斯就已经在数学方面打下了良好的基础。

让孩子在日常生活中获取数理经验

数概念是抽象的，但是数理经验却十分具体，是与孩子的日常生活紧密相连的。

孩子似乎很早就开始关心与数有关的问题了，只是年龄越小的孩子，数的概念越模糊。

孩子堆放积木，给娃娃造小屋，通过这类建构活动，尝试运用自己的方法解决尺寸大小、几何形状、积木数量等问题。

孩子在"扮家家"的游戏中用玩具小刀切割"蛋糕"，这时，他在探究部分与整体的关系，把一个整体分成几份，这是分数的基础。

孩子喜欢把东西放入到洞里，把石头踢进道路的缝隙中，把橡皮泥塞入钥匙孔内，通过这些动作，孩子在思考空间与实物之间的关系，以及自己的动作与结果之间的关系。

马路上车来人往，孩子看到了各种各样的车辆，成人告诉他，这些车各叫什么名。看得多了，孩子自然就将车归为汽车、自行车等几大类，这是孩子在学习对事物初步进行分类。

孩子在公园里捡到两根小木棒，它们来自不同的大树，粗细长短也不相同，但是重量却差不多；孩子拾到两块大小差不多的石头，但是它们的重量却相差很多，通过比较，孩子虽然并不懂得其中的缘由，但是得到了在比较事物中去获取逻辑数理经验的体验。

孩子总是在日常生活中不经意地获取着数理经验，这是孩子获取数概念的基础。

在日常生活情景中给予孩子数的刺激

孩子的日常生活情景中充满了数的刺激，会给孩子的思维带来挑战，但是不要急于要求孩子懂得数的概念。

一个四五岁的孩子跟随着妈妈去水果店买苹果，妈妈告诉他，苹果 2 元一个，她要买 5 个苹果，所以要挑选大的苹果。孩子在一堆苹果中挑选了一个，对妈妈说："这个是大的。"接着他又挑选了一个，与手中的那一个比较了一下，说："这个才是大的。"他把原先挑的那个苹果放回到苹果堆里，把后挑的那一个放到妈妈挑的苹果堆中，再从妈妈挑的苹果堆中拿走了一个他认为不是大的苹果，然后看着卖苹果的人点了苹果的数量，算了钱，最后，妈妈付钱。就在这样十分平常的生活经历中，孩子可以获得很多与数学有关的经验，例如大小比较、最大与最小、数量与钱的关系等。

一个六七岁的孩子跟随着妈妈去买苹果，妈妈告诉他，她要买 2 斤苹果，并告知他，要挑品相好的买。妈妈的话给孩子带来的信息是"买一定重量的苹果，主要是要挑好的""好的苹果不一定是大的"。如果孩子还不理解，妈妈可以将孩子挑的大的，但不那么好的苹果放回原处，让孩子继续挑选好的苹果。就在这样的生活经历中，孩子获得的与数学有关的经验会更深一些，例如妈妈要付的是 2 斤苹果的钱、苹果的重量与钱有关系等。

孩子头脑中逻辑数理经验的获得，不是成人"一板一眼"地教会的，而常常是在日常生活中不经意地获得的。不断给予孩子数的刺激，不要在意孩子当时懂或不懂。孩子在数的刺激下，在脑海中留下痕迹，在懂与不懂之间徘徊，多种与数有关的经验等待孩子去整理和提取，最终会形成与其发展水平相一致的数概念。

学习数学的几个 "妙招"

餐桌上的 "数学课"

日常生活情景能刺激孩子的数学思维，有助于孩子学习数学。每天与孩子一起用餐，兴许正是给孩子上 "数学课" 的好时机。

在孩子刚能动手做事情时，就可以让孩子每天为家人在餐桌上摆放餐具。孩子手持一把筷子，要出色地完成摆放餐具的任务，就要明白两个问题：其一是每个用餐的人都要两根筷子，这是关于 "双" 的概念；其二是每个座位前必须放一双筷，也只能放一双筷。除了筷子，还有碟子和勺子，每个用餐人还要配一个碟子和一个勺子，一个碟子、一个勺子和一双筷子合在一起，就是一套餐具。每套餐具与每个座位是一一对应的。孩子从不会摆放到会摆放，从放错到放得正确，是一个每天都要学习和巩固数字与数的单位的过程。

每天用餐前，还可以要求孩子 "负责" 清点一下用餐的人数，然后再进餐。在用餐人围着桌子坐定以后，可以问孩子："今天有几个人吃饭？少了几个人？"如果家里来了客人，则可以问孩子："家里应该有几个人吃饭？现在多了几个人（客人）？"

在进餐时，还可以根据盘中的菜肴，对不同年龄的孩子提出不同的问题。例如，对小年龄的孩子，可以指向一碗肉，说："这是猪肉。猪有几条腿？"再指着一盘鸡说："这是鸡。鸡有几只脚？"对年龄稍大的孩子，则可以提出这样的问题："我吃了三个肉丸，爷爷吃的肉丸比我少一个，奶奶吃的肉丸和爷爷一样多，你说奶奶吃了几个肉丸？"这样的问题，需要孩子能简单地进行数学运算，每天提出类似的问题，能够帮助孩子不断学习和巩固关于数的经验与概念。

在餐桌上，可以这样做，在每天家庭生活的其他时段，也可以这样做。例如，带着孩子上楼梯，领着孩子上街买东西，睡觉前后穿衣服、叠被子，与孩子一起阅读绘本等，都可以给予孩子数的刺激，提出相关的问题，启发孩子去思考。

弈棋胜过教数学

与孩子弈棋，能使孩子自然获取逻辑数理经验，建构数概念。但凡弈棋优秀的孩子，逻辑数理经验丰富，数概念的建构会比较容易，未来学习数学的预期也会比较好些。

适合孩子下的棋种类很多，"飞行棋""运动棋""斗兽棋""陆战棋""海陆空战棋""跳棋""五子棋"等，还有比较经典的"象棋""国际象棋""围棋"等。除此之外，可以自己制作许多种类的棋类游戏。

弈棋，是一种复杂的智力活动，有益于培养孩子的抽象逻辑思维能力。有实践证明，那些经过了数年象棋训练的孩子，不仅在棋术上大有长进，而且在智力水平上都有不同程度的提高，特别在计算能力方面有明显的长进，很多孩子在上小学后的数学成绩都很出色，对数学的理解能力比较强。这是因为弈棋是一种博弈活动，弈棋双方比拼的是逻辑推理、策划运算和解决问题等抽象思维方面的能力，孩子在弈棋时，心理活动比被要求做计算题积极得多，注意力容易集中，心理动机更为强烈。

即使是简单的棋类游戏，对于孩子逻辑数理经验的获得、数概念的形成也能起到积极的促进作用。如"飞行棋"，常通过掷骰子或转陀螺的方式决定棋子前进的步数，但实际上，这么简单的一种活动，对4—5岁的孩子来说却也并不容易，因为他必须真正掌握1—6这些数的含义，否则他就不可能准确地根据骰子或者陀螺上的数字，在棋盘上让棋子走相应的步数。复杂的棋类游戏需要孩子更为复杂的逻辑思维，不仅要思考如何走下一步棋，还必须考虑对方可能作出的反应，以及自己以后的对策。

在弈棋中，让孩子学习数学，要比直接去教孩子数概念更有趣，也更为有效。

童谣是孩子学习数学的好平台

吟唱童谣似乎与孩子学数学关系不大，但是仔细研究一下，可以发现童谣是孩子学习数学难得的好平台。

在孩子还没有最初的数概念时，孩子只会唱数，从 1 到 10。孩子会模仿成人，一字不错且十分流畅地将这些数字背出来，但是并不明白这些数字背后的意义。这时，对孩子有用的数刺激就是让他从会"唱数"到会"点数"。如《一只小鸟叫喳喳》，这类的童谣直接要求孩子去点数小鸟、青蛙、小猪、小马和娃娃各有几个。

一只小鸟叫喳喳，

两只青蛙叫呱呱，

三只小猪哼哼哼，

四匹小马呱哒哒，

五个娃娃笑哈哈，

分吃一个大西瓜。

有的童谣，如《高高山上一头牛》，将一些事物身上的数学特点用诙谐的语句进行了表达，让孩子在无意之中懂得了牛有 1 个头、2 个角、4 个蹄、8 个趾。

高高山上一头牛，

两个犄角一个头，

四个蹄子分八瓣，

尾巴长在身后头。

有的童谣，如《数蛤蟆》，在其中融入了数的单位的表达：蛤蟆有 1 张嘴、2 只眼睛、4 条腿，而且嘴用"张"表达，眼睛用"只"表达，腿用"条"作为数的单位……

一个蛤蟆一张嘴，

两只眼睛四条腿，

扑通一声跳下水。

两个蛤蟆两张嘴，

四只眼睛八条腿，

扑通、扑通跳下水。

能用童谣学习数学的种类很多，有正数、反数的，如《七个果果》。

一二三四五六七，

七六五四三二一。

七个阿姨来摘果，

七个篮子手中提。

七个果子摆七样，

苹果、桃儿、石榴、柿子、李子、栗子、梨。

也有学习方位的童谣，如《伸伸手》。

伸左手，五个手指头；

伸右手，五个手指头；

左手帮右手，

右手帮左手，

帮来又帮去，

一对好朋友。

还有很多类似的童谣，孩子都能从中学到数概念。

科学思维来自自己的探索

爱因斯坦的妙答

有个孩子给爱因斯坦写了封信，问他"人是不是动物"。爱因斯坦在给这个孩子写的回信中写道："亲爱的小朋友：我们不应该问什么是动物，而应该问什么东西我们称之为动物。我们称之为动物的东西具有某些特征：它汲取营养，它的出生源于与之相近的亲代，它会生长，它能自行移动，到时候它会死亡。这就是为什么我们称昆虫、小鸡、狗、猴子为动物。人类如何呢？你们不妨按上述方法自己思考，并自行确定将我们自己归为动物是否是自然的。"

爱因斯坦并没有直接告诉这个孩子"人是不是动物"，他似乎在反问孩子："你认为人是动物吗？""你若认为人是动物（或不是动物），那么你的理由是什么？"

科学，是人在探究的真理，真理没有止境，人永远在探究真理的路上。给予孩子的，不应该只是一些科学结论，因为当前的科学结论过些年就有可能成为谬论；给予孩子的，应该是科学思维和探究精神，只有这样，孩子才有可能有所发现，有所创造，才能应对未来不断变化的世界。

爱因斯坦虽然没有直接给予孩子"人是不是动物"的结论，但是他似乎已经给予了孩子最为完美的回答：说人是动物，那人就是动物，说人不是动物，那么人就不是动物。人是不是动物，完全是人自己定义的，重要的并不是一个结论，而是结论背后的理由。

幼儿对于这个世界充满了好奇，他们在以自己独特的方式探究这个世界，构建自己的"理论"。因此，与其给予幼儿一个定论，即"人是动物"，或"人不是动物"，还不如给幼儿留有空间，让他们自己去探究和思考。

由"双胞胎"引发的问题

以下有一段文字，记录的是几个孩子对"双胞胎"问题的讨论：

隔壁新搬来了一家人，家里有一对双胞胎，他们长得很相像，根本就分不清谁是谁。孩子们就此议论开来了：

"双胞胎就是长得很像的两个人。"

"双胞胎的名字也很像的，一个叫大双，一个叫小双。"

"我们幼儿园里也有双胞胎。"

"谁呀？"

"孙婷婷和张婷婷是双胞胎。"

"为什么呀？"

"他们都叫婷婷呀？"

"她们不是一个妈妈生的，不能称为双胞胎。"

"双胞胎有几个妈妈呀？"

"我说有两个。"

"我说只有一个。"

"我们去问一问大双和小双不就明白了吗？"

于是，孩子们就去问了大双和小双，大双和小双说他们俩只有一个妈妈。孩子们回家又问了自己的爸爸妈妈，知道了双胞胎是由同一个妈妈生的；有的双胞胎长得很像，有的双胞胎长得不像。孩子们还说，如果双胞胎中一个是男的，一个是女的，那就好区分了。

一天，孩子们来到了蔬菜地里，突然一个孩子叫了起来：

"快看，快看。这儿有双胞胎。"

"什么双胞胎?"

"西红柿双胞胎。"

"这不是双胞胎。"

"为什么呀?"

"因为它们长得不像。一个是红的,一个是青的。双胞胎应是长得很像的。"

"双胞胎也有长得不一样的。"

"我想这个是男的,这个是女的。"

这时,有个孩子从地上捡了两个西红柿,一个青的,一个红的。他坚持说,他的这两个西红柿也是双胞胎,是两个长得不是很像的双胞胎。

"你的两个西红柿不是双胞胎。"

"是双胞胎。你看,它们长得很像,但不是一点差别也没有。"

"双胞胎应该是长在一起的。"

"双胞胎应该是同一个妈妈生的。"

"双胞胎应该是一起生下来的。"

"西红柿双胞胎也应该是长在一起的。"

过了一会儿,两个孩子又找到了一对辣椒,他们说它们是双胞胎,但却长得很不一样。

"它们是长在一起的,它们是双胞胎。为什么它们长得不一样呢?"

"可能是一个吃到的东西多,一个吃到的东西少。"

"可能是一个晒到的太阳多,一个晒到的太阳少。"

"可能是一个身体好一些,所以长得好,另一个的身体不行,所以长得不好。"

"我想可能是这个生病了。"

看了这个记录,成人不仅会因为孩子的"天真"而忍俊不禁,还会去思考以下的问题：

幼儿不容易理解"双胞胎"是个什么概念，受成人的影响，他们或许会想"双胞胎就是长得很像的两个人"。但是，当他们发现"有的双胞胎长得很像，有的双胞胎长得不像"时，他们又会疑惑起来。当他们被告知"双胞胎是由同一个妈妈生的"，又被告知"一个妈妈生的孩子不一定是双胞胎"时，他们还会提出更多的问题……

在孩子成长的过程中，这样的矛盾和冲突经常会激发他们去思考，去探究，去发现和创造自己的"理论"。

孩子的"科学"与成人的科学

孩子不可能具有与成人一般的对科学的认识水平，从这样的视角思考，成人的科学与幼儿的"科学"具有不一样的意义。

如果将科学定义为真理的创造过程，所谓的真理只是相对的，是不断被否定或修正的，那么幼儿的"科学"与成人的科学则有许多共同之处：

与成人一样，幼儿也能依据他们自己的经验创造"理论"；

幼儿对世界的认识以及因此创造的"理论"与古人有相似之处，他们创造的理论看似可笑，却都有一定的哲理；

在幼儿期，这些"理论"非常简单，以后逐渐复杂，人类科学发展史也经历了这样的过程；

幼儿创造的"理论"虽然不如成人创造的科学理论那么精确和连贯，却有相似之处，例如都需经受检验和修正，最终都会遭到否定。科学的精神就在于通过不断的探索，去创造新的认识，成人的科学如此，幼儿的"科学"也是如此。

……

不只是想，更要去做

尝试做出新鲜事物

对于孩子而言，创造性思维很重要，但创造能力也同样重要。不少名人都有过这样的论述：创造不能只停留在单纯的想象之上。固然，创造能力必须建立在创造性思维的基础之上，但是创造能力还必须能解决问题，即动手去做，得到结果，并被他人认为结果是有价值的。简而言之，创造性思维就是想出新鲜事物，创造能力就是制造出新鲜事物。

当今，人类已经进入了以"物联网"为特征的第四次工业革命时代，需要我们去相信那些不可能发生的事情，需要我们不断创造新的东西，这样，培养孩子创造性思维和创造能力成为了当务之急。

而今在世界范围内，包括幼儿教育在内的教育都在关注 STEM 教育、创客教育等，为的是培养能够应对高科技发展，面向未来的创新型人才。

所谓 STEM 教育，S 是科学（science），T 是技术（technology），E 是工程（engineering），M 是数学（mathematics），有人还在 STEM 教育中加上了人文（或艺术，即 art），使之成为了 STEAM 教育。从本质上讲，STEM 教育关注的是科学、数学与生命之间的关联，而技术和工程则能使三者之间的关联成为"看得见、摸得着"的事情。换言之，那就是培养不仅会思考，而且要能做，做的东西要有价值的人。

STEM 教育常采用探究式的学习方式，让孩子自己动手完成他们感兴趣的项目。STEM 教育基于问题，借鉴科学研究或工程的实践流程，从提出问题、描述问题，到分析问题、解决问题，再到评估效果，让孩子亲身体验每一个活动目标的实现，培养孩子的综合科学素养、思维能力、问题解决能力、交流合作能力以及团队协作意识等。

有个已经当了爷爷的人回顾了他自己的成长历程：在他的幼童时代，跟着哥哥做矿石机，从架天线到调节细铜丝与矿石之间的位置，直到在耳机中听到电台的声音；在他的小学生时代，跟着同学做电子管、半导体收音机和扩音机，从自己找来零件到组装，直到喇叭里传出悦耳的音乐；在他的中学生时代，独自一人动手制作了一台电视机，不断地失败，直到欣喜地看到了电视屏幕中的图像；以后，他在工作岗位上曾有过不同寻常的发明和创造。他的体会是：

- 敢想、敢做，哪怕不懂；
- 反复尝试错误，不懂就问；
- 不怕别人不理解，不怕别人笑话；
- 过程很艰难，但很快乐；
- 结果很重要，有成就感。
- ……

模仿与创新难分难解

不要以为凭空想象就是创造，模仿常常是创造性地去做的基础，创造离模仿并不遥远，而且两者是难以分割的。

有一首童谣，名字叫作《小小模仿家》：

> 向上够天空，
>
> 向下摸草地，
>
> 向上够天空，
>
> 向下摸草地，
>
> 再转个圈，
>
> 砰！然后倒下去！

　　从文字上看，这首童谣是再简单不过的了，但是含义却不浅。前四句话，说的是孩子模仿成人简单的动作，反复地模仿，反复地练习，看似机械、古板，突然一转身，一切都变了，不再"循规蹈矩"了。再往深一层去想，颇有哲理：一个孩子站立在天地之间，向上够得到天，向下摸得到地，这是遵得天地之规，然而，话锋一转，说的是孩子转了个圈，于是突然倒下，那就是另辟蹊径，要做不是循规蹈矩的事情了。

　　乐于模仿，善于模仿，是孩子的天性。孩子模仿孩子，也模仿成人，从别人那里学到很多，他们的动作、语言、技能以及行为习惯等的形成和发展都离不开模仿。

　　但是，人云亦云，只有模仿是远远不够的，在模仿的基础上有所创造，有所创新，才是未来社会需要的人。

在模仿别人的基础上自我超越和再创造

　　想象、创造性思维会对创造性地解决问题起促进作用，但是想象、创造性思维并不等同于创造能力。要让孩子实实在在地将自己的想象和创造性思维落实在所做的事情上，哪怕是先从模仿别人开始。

　　模仿不是创新的天敌，模仿与创新的融合是人生的高境界。

　　古希腊哲学家德谟克利特说过："我们从蜘蛛那里学会了织布和缝补；从燕子那里学会了造房子；从天鹅和黄莺那里学会了唱歌。"

　　科学家通过模仿海豚、鲸鱼的声波，制造了声呐器，通过电声转换和信息处理，进行导航和测距，广泛地运用于航海中。

　　哈佛大学教授西奥多·莱维特有句名言："创造性模仿不是人云亦云，而是超越和再创造。"这句话将模仿与创新之间的关系诠释得十分清晰。

　　二战以后，日本企业的技术落后于欧美足足20余年。20世纪70年代，日本却以震撼世界的步伐赶超欧美，这个奇迹的产生，起始于大规模引进和模仿欧美技术。例如，日本索尼公司在参考美国的磁带技术后作了改良，录音机做得比美国产品的体积更小，录音时间更长，使索尼公司成为世界上最具创新的企业之一。又如，只要索尼公司一发布引发新产品，日本松下公司马上进行仿制，找到索尼公司产品中的缺点进行优化，开发出性能更优的产品，并以低于索尼公司的价格向市场销售，从而成为日本乃至全世界最强大的电器公司之一。再如，美国公司先于日本推出摄像机的样品，然而最终却是日本公司在对样品进行改进的过程中获得商业先机。

对于孩子而言，完全意义上的创新是不存在的，他们的创新无非就是在模仿别人的基础上进行自我超越和再创造，特别是在模仿别人并去做的过程中去感悟，去提升，去创造，而不是人云亦云，盲目地被别人牵着鼻子走。

美的教育让人变得高尚

爱美乃人之天性

"爱美之心，人皆有之"，说的是人有一种喜爱美、欣赏美、追求美的心理倾向，这是人的一种自然本能和共同天性。即使是原始人类，他们也喜欢听悦耳的声音，在岩石洞穴上画下美丽的图画，把贝壳和鸟骨染色制成各种装饰品，用黏土制作观赏用的陶器。

一个人爱美的天性，在童年时代就表露出来了。美是一种愉悦的体验，带有鲜明的好恶倾向，表现为对美好事物的肯定，对丑恶事物的反感。例如，孩子喜欢色调柔和或色彩鲜艳的花朵，不喜欢色彩灰暗的景物；喜欢聆听轻快优美的乐曲，并会和着拍子拍手、踩脚，发出会心的微笑；喜爱挑选好看的衣服穿；就想吃丰腴可口的食物；喜欢听脍炙人口的故事。

早在 3 000 多年以前，我国殷商时期的甲骨文中就已有了"美"字。在 2 000 多年以前，古希腊哲学家柏拉图生动地记述了苏格拉底与希庇阿斯围绕"什么是美"而展开的大辩论，提出美是一位漂亮的女孩、美是黄金、美是恰当的、美是有用的、美是有益的、美是视觉和听觉产生的快感等，两人说来辩去，感到都不能自圆其说，最后只能以"美是难的"这样的感叹结束这场辩论。

几千年以后的今天，对于"什么是美"依然众说纷纭，难为它下一个公认的定义。但是，不管对"什么是美"的争论有多么激烈，"爱美乃人之天性"这一命题是无可非议的。

爱美是人类精神高尚的一种表现，人总是按照美的法则来创造生活的。对孩子进行美的情感教育，能滋润孩子的心田，使孩子的人格变得高尚，成为精神世界丰富多彩的人。

错过了美的教育，一辈子也无法弥补

苏联教育家苏霍姆林斯基说过："儿童时代错过了的东西，到了少年时期就无法弥补，到了成年时期就更加无望了。这一规律涉及孩子精神生活的各个领域，特别是美育。"

在孩提时代，对孩子美的熏陶和感染，会使孩子一生受益无穷，如若放弃了这一点，那么一辈子也无法弥补。

法国教育家卢梭在他刚出生时就失去了母亲，他的姑姑将他抚养成人，姑姑对他从小进行的美的教育给他留下了终身难忘的印象。他在《忏悔录》中这样写道："我对于音乐的爱好是受了姑姑影响的。她会以她那清细的嗓音歌唱无数美妙的小调和歌曲，唱起来十分动听，可以驱散一切人的怅惘和悲愁。她的歌声对我的魅力是那样大，不仅她所唱的一些歌曲还一直留在我的记忆里，甚至在我的记忆力已经衰退的今天，有些在我儿童时代就已经完全忘却了的歌曲，随着年龄的增长，又浮现在我的脑海中，给了我一种难以表达的乐趣。"在卢梭的晚年生活中，每当他想起了姑姑教过的歌曲，常会孩子般地哭泣起来，有一首姑姑教给他的歌曲一直使他很动情，遗憾的是他忘了后面一半的歌词，他曾几次想请人补续后一半被他忘掉的歌词，但是始终没有这样做。他在童年时期感受过的这首歌曲的美，对他一生的生活都产生着潜移默化的影响。

美的熏陶有如此神奇的力量，有时简直令人难以相信。

让孩子在美的世界中生活

孩子应该在美的世界中幸福地、欢快地、无忧无虑地生活，应该有机会去感受、欣赏和享受自然美、社会美、艺术美。

大自然千姿百态，是取之不尽的美的矿藏。要将孩子带到大自然中去，让他感受大自然的美，欣赏大自然的美，享受大自然的美。

卢梭曾说："如果他从来没有在干燥的原野上跑过，如果他的脚没有被灼热的砂砾烫过，如果他从来没有受过太阳照射的岩石所反射的闷人的热气，他怎能领略那美丽的早晨的清新的空气呢？花儿的香，叶儿的美，露珠的湿润，在草地上软绵绵地行走，所有这些，怎能使他的感官感到畅快呢？如果他还没有经历过美妙的爱情和享乐，鸟儿的歌唱又怎能使他感到陶醉呢？如果他的想象力还不能为他描绘那一天的欢乐，他又怎能带着欢乐的心情去观看那极其美丽的一天的诞生呢？最后，如果他不知道是谁的手给自然加上了这样的装饰，他又怎能欣赏自然的情景的美呢？"

孩子涉世不深，但是最终是要走上社会的。要尽早带领孩子走出家门，到社会这一广阔的天地中去领略社会美。

我国教育家陶行知说："我们要解放小孩子的空间，让他们去接触……大社会中之士、农、工、商，三教九流，自由地对宇宙发问，与万物为友，并向中外古今三百六十行学习。"美术馆、动物园、植物园、游乐场、公园等，都是让孩子领略社会美的良好场所。

艺术是美的集中表现。苏联教育家苏霍姆林斯基说过："教育，如果没有美，没有艺术，那是不可思议的。"

艺术是培养孩子美感的最重要手段，绘画、诗歌、音乐、文学等可以陶冶孩子的性情，培养美好的情感。近代思想家梁启超认为，美术、音乐和文学是美育的三件法宝，抓住了这三件法宝，就可以"把情感秘密的钥匙都掌握了"。

音乐，世间最美妙的尤物

音乐成就了爱因斯坦

科学家爱因斯坦曾说过："如果没有早期的音乐教育，我干什么都将一事无成。"这些话让人看到的是，音乐在爱因斯坦成长、成就的过程中起到了举足轻重的作用。

爱因斯坦与他的小提琴情愫深厚。在颠沛流离的生涯中，他总与小提琴为伴，即使在严肃严谨的学术会议上，小提琴也就在椅子旁。他每天拉琴，自认为自己的演奏可以媲美科学上的成就。他曾说过："如果选择物理，我可以继续拉琴；如果选择提琴，则没有机会再研究物理了。"

作为一位科学家，爱因斯坦头脑中装的是他的科学研究，但他放不下的是小提琴，在演奏乐曲时，爱因斯坦常常思考的是科学问题。他的妹妹在回忆爱因斯坦时说："在演奏中，有时他会突然停下，激动地宣布'我找到了它'。"那就是说，他在拉琴的过程中又攻克了一个科学难题。可以想象，也许是悠扬的琴声催发了他的灵感，使他创立了"相对论"。

爱因斯坦曾被人怀疑是个"傻子"，他日后之所以成了一位惊天的科学巨人，部分要归因于他有着一位极具音乐素养的母亲。

幼年时，爱因斯坦经常躲在家里的楼梯暗处，长久地聆听母亲弹奏优雅的钢琴音乐，他被钢琴的美深深吸引，贪婪地汲取着音乐中的养分。

后来，母亲开始教爱因斯坦弹奏钢琴和拉小提琴，使他对音乐有了更深邃的感悟，他察觉到了音乐内在的"数学结构"，认为"这个世界可以由音乐的音符来组成，也可以由数学公式来组成"。音乐引导爱因斯坦进入了广阔而深邃的未知境界中，并使其形象化。

爱因斯坦对变奏曲极感兴趣，在学习演奏的过程中，通过无数次练习各类复杂多变而丰富的音乐作品，练就了日后攻克科学难题的坚强意志，也奠定了创造性科学思维的基础。

音乐，是比一切智慧、一切哲学更高的启示，一旦能够领悟音乐的意义，就能超脱寻常人而发挥无限的创造力。

让一代又一代孩子心动的《卖报歌》

"啦啦啦！啦啦啦！我是卖报的小行家，不等天明去卖报，一面走，一面叫，今天的新闻真正好，七个铜板就买两份报……"这首由聂耳编曲的《卖报歌》让人耳熟能详，在歌的背后却隐藏着一个感人的故事。

《卖报歌》的创作灵感来自聂耳在街头偶遇的卖报小女孩。1933年的一天，一个小名叫小毛头的卖报女童饿得头昏眼花，她捧着报纸叫卖，这时一辆电车靠站，乘客们从电车上涌下来，把瘦弱的她撞倒在地，手中的报纸散乱一地，已被弄脏而无法销售了，她伤心得大哭起来。聂耳正好路过，将她扶起，拾起了弄脏的报纸，把它们全部买走了。

聂耳对于小毛头的遭遇十分同情，决定要写一首歌反映报童的悲惨生活，他请了诗人安娥作词，由自己谱曲，创作完后还去找了小毛头，亲自唱给她听，并让她提意见。小毛头觉得这首歌很好听，建议在歌里加入报纸要多少钱，这样报纸就更容易卖了，于是就有了"七个铜板就买两份报"。

从此，人们总能看到一个衣衫褴褛的女孩，口中唱着《卖报歌》走街串巷。这首歌彻底改变了小毛头的命运，1934 年歌剧《扬子江暴风雨》公演时，特请小毛头本人扮演剧中报童，在舞台上首次公开演唱《卖报歌》，从此传唱开来，深受儿童、成人喜爱，而小毛头也从此成名，还参演了不少电影。

《卖报歌》影响了一代又一代的中国人，至今仍得到孩子们的喜爱，成为了一支久唱不衰的经典儿童歌曲。

音乐可以充当太多真善美的角色，它是人们陶冶情操的良方，是文明传播的阶梯。让《卖报歌》这类经典的歌曲走进孩子的心灵，可以让孩子去领悟那些最善、最美的真谛，感受人间真情的律动。

聂耳与乐器

为《卖报歌》编曲的聂耳，称得上是真正的"人民音乐家"，他编曲的《义勇军进行曲》在全中国人民心中有一个特殊的位置，这是中华人民共和国国歌！

聂耳原名聂守信，小时候家里穷，没能好好读书，更没有受过正规的音乐教育，却从小就表现出极高的音乐天赋。

聂耳在童年时代非常喜欢音乐，他听到隔壁木匠邱师傅家飘出了悠扬的笛声，被这所吸引，便常去邱师傅家听他吹笛子，听熟了，就抽空问邱师傅吹笛子的方法，还用亲戚给的压岁钱买了一根笛子，在邱师傅帮助下，没几天他就能吹出几首简单的曲子了。

聂耳在很小的年纪就学会了笛子、三弦、月琴、二胡等多种乐器的演奏。后来，他又跟着小学教师张庚侯学习拉小提琴，并去参加游艺晚会演出。在读小学时，他就是学校音乐团里出色的小指挥和儿童小乐队的组织者，能演奏不少旋律优美的民间乐曲，如《梅花三弄》《苏武牧羊》《昭君出塞》等，吸引了很多邻居和路人前来围观、聆听。

当今，孩子想要有一件乐器很容易，请人辅导也不困难。引导孩子根据自己的兴趣，选择一件乐器，从小让孩子学习，这是带领孩子进入音乐世界大门的好方法之一。

就狭义意义上的音乐谈乐器，让孩子掌握一门乐器的演奏方法有益于孩子对音乐基本要素的把握。音乐基本要素是构成音乐的各种元素，包括音的高低、音的长短、音的强弱和音色，由这些基本要素互相结合，形成音乐中常用的"形式要素"，例如：节奏、曲调、和声，以及力度、速度、调式等。

对音乐基本要素的把握，是一个人的基本素养之一，要让孩子从小学习并逐渐把握。

一 "依样画葫芦" 引出的话题 一

葫芦该怎么画

"依样画葫芦"来源于北宋初年翰林学士陶穀的自嘲诗,陶穀因宋太祖赵匡胤没有看重自己而赋诗发泄。按照字面意思,"依样画葫芦"更容易被人解释和理解,即按照着真葫芦的样子去画葫芦,常被用作"贬义词",形容只有模仿,没有创新。

让孩子学画画,应该"随意画葫芦",还是"依样画葫芦"?

主张应该让孩子"随意画葫芦"的人,认为孩子天生就是艺术家,有无限的想象力和创造力,世界有多大,童心就有多大,儿童画的天地也就有多宽广。他们认定童心是神奇的和美妙的,童心最富有幻想。儿童的画虽然寥寥数笔,貌不惊人,却在简约中形具神生,大有"稚拙中见生动,平淡中见天趣"的意境,给人以美的感受,这足以使艺术家们为之倾倒,为之赞美。难怪有的艺术家感叹:"学习儿童那样的绘画,已经花费了我毕生的精力。"例如,俄国著名艺术家康定斯基说:"儿童直接从他们的情绪深处所构造的形式,岂不要比那些希腊式的模仿者的作品更富有创造性吗?"西班牙绘画大师毕加索甚至说:"成人应当向儿童学习美术。"

主张应该让孩子"依样画葫芦"的人,则认为模仿是孩子学习画画的"前奏",连模仿着画葫芦都不会的人,怎么可能自己画出活灵活现的葫芦?他们认为,童心是幼稚的、天真的,但儿童的画技是拙劣的,因此,儿童画是稚拙的。他们或者认为儿童画根本就没有艺术欣赏的价值,对此不屑一顾,或者偶尔回顾一番,但也只是一笑了之而已。

两者截然不同的观点,会导致家长无所适从,左右为难。

双刃剑

单刃为刀，双刃为剑。

剑为古时上等兵器，也是将帅之饰物。人们赞赏剑的锋利，是因为它给持剑者以威风、豪气与侠气。剑具有很强的杀伤力，令人胆寒。

剑有双刃，一面对着敌人，另一面会对着自己，这就是说，如果将剑刃向对手砍去时，对手用兵器抵挡，剑就会反弹回来，可能会伤害自己。

双刃剑的这种特征常被人寓意为一个事物的两面性，即用两面都有刃的剑形容对某事情的双重影响。

曾有个美术教育专家将儿童美术教育比作为一把双刃剑，说在美术教育中，"教得太多必然伤害孩子，教得太少，光有开花没有结果"。这句话说的是，教孩子画画就好比舞剑，既要有结果，又不可伤着自己，两者都要把握得适可而止，刚柔并济，求得平衡。简言之，只有是"高手"的舞剑者才能真正做到。

该教才教，不该教就放手

"该教才教，不该教就放手"，看似是一句废话，其实却是教育的"真谛"，难的不是去回答究竟要让孩子"依样画葫芦"，还是"随意画葫芦"这样"非黑即白"的问题，而是要弄明白"什么是该"和"什么是不该"的问题。

例如，孩子大约在 18 个月至 2 岁时就有动机在纸上"乱涂乱画"。美国儿童美术教育家凯洛格曾仔细地分析过人和动物画的涂鸦线，她发现虽然有些动物也能用趾爪在一些材料上抓画出类似孩子乱涂乱画时的线条，但是，即使是聪明的黑猩猩，也不可能抓画出这个年龄段孩子所能画出的 20 种基本类型的涂鸦线。因为这是人类基因的自然表达，是人类神经系统与肌肉高度协调的结果，这 20 种基本类型的涂鸦线与孩子以后图画之间的关系，就好比是砖瓦和建筑物之间的关系一样，孩子以后自发描画出来的图形皆可被包含在这 20 种基本类型的涂鸦线之中。在这个时期，教孩子绘画是没有意义的，要尽量放手，即使孩子将家里粉刷一新的墙上用彩笔涂得一塌糊涂，或者在刚买来的新书上涂上了一团团的墨，也不要去剥夺孩子表达自我的机会，而要让他获得自我表现的体验。

　　又如，2—4 岁左右的孩子，他们已经从"乱涂乱画"中跳脱出来了，所画的东西开始与真实的事物相接近了。在孩子画的"圆""曼陀罗图形""太阳式的图形"的基础上，孩子会自发地画出"蝌蚪人"：一个圆圈代表人的脑袋，两条竖直的线条代表人的躯体，人的各个部位尚未分化完全。也就是说，头部、躯干部、上肢和下肢之间的界限是不清楚的，随着他们年龄的增长，人体的各部分才会渐趋完整。在这个时期，孩子的绘画也趋向于自然生成、自然发展，不用刻意地去教，否则就有可能压抑孩子的天性，限制孩子的想象力和创造性。

　　再如，孩子到了 5—6 岁，则要考虑在给予他们一定的自由发展机会的同时，着力教给他们一些绘画技能，使孩子的绘画更具表现力。对于这个年龄的孩子，应该协助他们创造有美感与表现力的作品，培养他们对视觉对象进行审美判断的能力，至于是通过"模仿"还是其他方法去学习绘画，那只是方法问题，而不是要不要教的问题。总之，不能只是去顺应孩子的自然发展，否则，会让孩子绘画的价值失去一半。

引 言

幼儿家庭教育难在"既要浪漫，又要现实"，难在"教育有法，教无定法"，难在"在对的时间做对的事情"。幼儿家庭教育需要的是父母的智慧，需要的不是能够背诵"三十六计"，而是在面对特定的教育对象和情景时"眉头一皱，计上心来"。

教育，难的是什么

教育难的是"在对的时间做对的事情"，而不完全在于教育孩子的人有多少知识，也不完全在于给孩子提供多少学习的时间和条件。

知心、知时和知序

要知心，就是要了解孩子的个性，懂得他的兴趣、爱好和才能；要知时，就是要懂得孩子的年龄特点；要知序，就是认识孩子发展和成长的程序。

既要浪漫，也要现实

重浪漫，会顺应桃树的自然成长，会反对"揠苗助长"；重现实，会批评"放任自由生长"，会蔑视"光有开花，没有结果"。既要浪漫，又要现实，这是两难。

满足孩子合理需要的诀窍

给予孩子自我选择的权利是满足孩子基本需要的一个秘诀；但是，引导、指点孩子去获取更有价值的东西，才有可能满足孩子更高层次的需要。

发现长处，扬长避短

尊重、理解孩子之间存在的差异，避免以统一的"标准"去评定孩子的短处，保住孩子的面子，扬长避短，就能充分挖掘孩子的潜能，做到"因材施教""人尽其才"。

不要与自己过不去

世上本无烦恼，烦恼是人自己找的，快乐也是人自己找的。要及时排除导致孩子不自尊、不自信的各种因素。

教育孩子中的"三十六计"

如同"三十六计"，心理学中有许多效应、定律和法则可以给予父母教育孩子的智慧，而不是固定的策略和方法。

苏东坡效应与刺猬法则

父母对教育孩子的认识要从"只缘身在此山中"走向"看山是山"的境界；父母要认识到每个"刺猬"（孩子）都是独立的个体，要亲近，但也要保持距离，要给予温暖，但也要松手。

罗森塔尔效应与墨菲效应

"期望什么，就会得到什么"（罗森塔尔效应），对孩子的期望要好，要高，要"拿得起"；"害怕什么，就会出现什么"（墨菲效应），对孩子的期望不要太好，不要太高，要"放得下"。"拿得起"和"放得下"是辩证的统一。

投射效应与标签法则

要保护孩子幼小的心灵，不要无意中去伤害孩子的公正心、上进心和自尊心。

鱼缸效应与淬火效应

要放手，给予孩子成长的空间，让孩子去经历磨难，这样才能最终成才。

潘多拉效应与鸟笼效应

不让去做的事情，人的好奇心会驱使着去做（潘多拉效应）；人不感兴趣的事情，即使没有好奇心也有办法驱使着去做（鸟笼效应）。两者看似矛盾，实际上却取决于如何运用。

超时效应与南风法则

语言暴力是教育中的大忌，因为它会毁掉孩子。对孩子过分唠叨，老吹"北风"，离开语言暴力并不遥远。

普雷马克效应与德西定律

　　在教育孩子中如何运用奖励的手段去产生期望的效应，普雷马克效应与德西定律看似互不相干，却能相辅相成。

教育，难的是什么

"狗多还是动物多"

"狗多还是动物多?""鸟飞起来了吗?"这些问题对于一些三四岁的孩子来说，可不是简单的问题。

如果给这个年龄的孩子看 4 只玩具小狗和 2 只同样大小的玩具小猫，然后问孩子："你们看见了些什么?"孩子大多会回答说看见了小狗、小猫，也有一些孩子会说这些都是动物。如果再问："狗多，还是猫多?"大多数的孩子也已经会回答说："狗多。"如果继续问："是狗多还是动物多?"许多孩子还是回答："狗多。"他们不明白"狗属于动物""动物包括了狗"，在他们的头脑中，也许是"既然狗已经是狗了，就不再是动物了"。

同样，带着这个年龄的孩子到动物园去观赏鸟，告诉孩子这是黄鹂，那是白头翁，还有好多其他的鸟。孩子记住了，也能准确地讲出黄鹂、白头翁的名称了。但是，当孩子看到黄鹂飞起来了，他却不明白别人所讲的"鸟飞起来了"，因为他只看到黄鹂飞起来了，他不明白"黄鹂属于鸟""鸟包含了黄鹂"，在他们的头脑中，也许是"既然黄鹂已经是黄鹂了，就不再是鸟了"。

"狗多还是动物多""鸟飞起来了吗"这类问题，要在孩子的思维发展到一定水平后，即在其头脑中要能同时做两件相反的事——将整体分成部分，将部分重新结合成整体，才能进行思考。动物、鸟等都是关于一类事物整体性质的概念，它是人脑对反映客观事物和现象的一般特征与本质特征的认识，人从认识狗、猫、狼、兔子、牛、马中概括出动物的本质特征，从燕子、麻雀、黄鹂、白头翁中概括出鸟的本质特征，只有形成了这样的概念，才能将整体分成部分，推演出动物包含了狗、鸟包含了黄鹂这样一类合乎逻辑的结论。

年幼的孩子，其思维是直觉的、感性的，对于他们而言，需要的是经验的积累，而不是概念的灌输。具体地说，要让他们多接触和认识各种包括鸟在内的动物，获取有关不同动物的诸多经验，而不是记住"黄鹂属于鸟""动物包含了狗"等这样一些概念。随着孩子的成长，他们获得的经验会在头脑中逐渐形成抽象的概念。

"铁重还是棉花重"

　　一位幼儿园老师问五六岁的孩子："铁重还是棉花重?"几乎所有的孩子都回答说："铁重。"

　　这位老师拿出了一大堆棉花和一小块铁，再次问孩子："铁重还是棉花重?"几乎所有的孩子都说："棉花重。"

　　这位老师将一大堆棉花和一小块铁都放到了水里，铁沉入了水底，棉花却浮在水面上。老师问孩子："为什么棉花会浮，铁会沉?"几乎所有的孩子都说："因为铁重。"

　　这位老师将这块铁从水里取出，用榔头将铁敲扁，并弯成了船状。老师继续问孩子："为什么这块铁不会沉?"大多数的孩子想不出道理来了，这时有个孩子说："因为这块铁给你打过了，它变得厉害了。"

这位老师想要通过"启发式"的方式让孩子领悟沉浮的原理，但是却超过了孩子认知发展的水平，只能是启而不发，无法打开孩子智慧的天窗，反而会挫伤孩子的好奇心和探索精神，还有可能会伤害孩子的自尊。

孩子对于沉浮概念的把握，是初中阶段的教学内容，在幼儿期，孩子是不可能懂得沉浮原理的，即使教，也是白教。

对于幼年的孩子而言，只需让他们将各种物件放到水里，看看发生了什么，它们之间有什么不同，那就足够了。至于要明白为什么会产生这样的结果，那是以后要学习的东西了。

格塞尔的双生子爬梯实验

　　心理学家格塞尔有个很著名的实验，叫作"双生子爬梯实验"。他选择了一对双胞胎，身高、体重、健康状况都一样。他让哥哥在出生后的第 46 周开始学习爬楼梯，每天训练 15 分钟，经历了许多次的跌倒、哭闹、爬起的过程，6 周后这个孩子终于能够自己独立爬楼梯了。格塞尔让双胞胎中的弟弟在出生后的第 52 周时才开始练习爬楼梯，结果经过同样的训练，他只用了 2 周就能独立地爬楼梯了。后学的弟弟尽管用时短，但是爬楼梯的效果并不差，而且还有更强的学习意愿。

　　格塞尔如此反复地做了上百个对比试验，所得出的结果都是相同的。此后，格塞尔又对识字、穿衣、使用刀叉等其他方面做了类似的实验，也都得出了相类似的结论，即任何一项学习的内容，对于特定的对象，都要与其发展水平相一致，都存在一个"最佳时期"。

　　格塞尔是"成熟理论"的倡导者，他的双生子爬梯实验说明孩子的学习效果取决于其成熟程度，超越成熟的学习难有显著的效果，所有的孩子都按照成熟所规定的顺序或模式发展，只是发展速度可能有所不同。

　　格塞尔的理论能为我们教育孩子带来启示：对于孩子的教育，并不完全在于教育孩子的人有多少知识，也不完全在于给孩子提供多少学习的时间和条件，而主要在于"在对的时间做对的事情"，这才是最为困难的事情。反言之，在不对的时间去教育孩子，看似是在对孩子实施教育，但是孩子还没有成熟到能接受这样教育的状态，那么教也是白教，花费的时间和精力都是付之东流的。

—• 知心、知时和知序 •—

知心而教

孟子说:"权,然后知轻重;度,然后知长短。物皆然,心为甚。"这句话的意思是,对任何事物,只有经过权衡度量,才知其轻重和长短,而了解一个人的心就更是一件不容易做到的事。

孔子曾对他的弟子颜回说过这样一个故事:很久以前,有人抓到了一只飞到鲁国城郊的海鸟,并把它赠送给了鲁侯。鲁侯非常喜欢这只海鸟,用隆重的礼节把它迎进了太庙,请它饮酒,为它奏乐,可是这只海鸟却十分惊恐,不饮酒也不吃肉,过了三天就死了。孔子在评论这个故事的时候说:鲁侯不懂得鸟的本性,鸟喜欢在深林中栖息,在河滩上漫游,在鸟群中自由自在地生活。鸟最害怕人的声音,如果在洞庭湖演奏乐曲,鸟都会吓得飞走,用养人的方法去养鸟,只能把鸟给养死了。

将孔子讲的这个故事引用到教育孩子的问题上来,可以理解为:在教育过程中,只有充分了解和认识教育对象,有针对性地进行教育,才能达到预期的目标。对于孩子,要知其心,了解和认识他的个性,懂得他的兴趣、爱好和才能,这样才能避免"鲁侯把鸟养死"之类的悲剧发生。

知时而教

战国时期的思想家庄子记录了这样一个故事:

远古时代，有三个帝王分别统治了天下的三个部分。南海帝王叫作倏，北海帝王叫作忽，中央帝王则叫浑沌。倏和忽常去浑沌家里作客，浑沌总是非常盛情地款待他们两人。一天，倏和忽商量道："我们怎么答谢浑沌对我们的盛情呢？人有七窍，可用来视、听、饮食和呼吸，但浑沌还没有七窍，我们帮助他把七窍凿开吧！"商定以后，他俩拿来了斧凿，每天给浑沌凿开一窍，到了第七天，七窍都凿开了，然而浑沌却死了。

庄子在这个故事中所描述的浑沌，可以表征为一个处于蒙昧时期尚未开窍的孩子，而倏和忽则可表征为对孩子强行施教的家长。孩子的发展与成长是有其年龄特点的，不顾孩子是否成熟，是否具备对他进行教育的可能，即使用心良苦，用"凿七窍"的方式去替代"自然开窍"，也只能得到适得其反的结果。

孩子尚未开窍，不可强行开凿；然而一旦开窍，则应及时而教，不应坐失良机。"时过然后学，则勤苦而难成"，说的就是错过了学习的最佳时期，要想获得长进就非常困难。懂得孩子的年龄特点，知时而教，这的确是教孩子的一个原则，也是一种不易掌握的艺术。

知序而教

美国心理学家格塞尔开拓了有关儿童心理发展的现代研究，他提出，每个儿童的心理发展都遵循了一条固定的路线，孩子的各种技能和能力都是在这条路线上的某一时刻获得的，这就是他所谓的一个个"里程碑"。例如，孩子在出生以后是遵循从头到脚的方向发展的，头部最早发育，婴儿先能控制唇、舌，继而能控制眼的运动，接着是控制肩、手臂、手指、躯干、腿、脚；先坐后站，先站后走；先会说"不"，后会说"是"……

认识孩子发展的序，对于孩子的教育也至关重要，因为只有做到这一点，才能顺应客观规律有次序地对孩子进行教育。

《学记》作为世界上最早专门论述教育和教学问题的文章，其中有这样一段文字："良冶之子，必学为裘；良弓之子，必学为箕；始驾马者反之，车在马前。"它的意思是：优秀陶瓷工的孩子，先学制作兽皮衣，为的是让孩子懂得化零为整的过程；制弓能匠的孩子学习制弓，总要先学习编织簸箕，以练习手指能力和弯曲材料的技能；小马学习驾车，开始时总是先在车的后面跟着走，车在它前面。这段文字说明了教育要获得成功，应遵循孩子的发展顺序，由简到繁，由易及难地进行。

了解孩子成长的顺序，既需要花费时间，也需要具有毅力。

科学家居里夫人观察她女儿伊雷娜的成长过程，就像她在实验室里观察镭元素一样地仔细、认真。每天，她都要把伊雷娜的体重、饮食和乳牙的生长情况记录在小本子上，女儿 10 个月了，在日记中记着："伊雷娜会用手势'道谢'……她现在很会爬，她说'走哩，走哩，走'。""她会滚，会自己站起来，会坐下去。"过了不到一个月，日记上写着："伊雷娜长了第七颗牙齿，在下面左边。不用人扶，她可以站半分钟。她同猫玩，大喊着追赶它。她不怕生人，常唱歌。"

正是母亲对女儿的成长过程有那么深入的了解，才使居里夫人抓住了对女儿进行教育的机会。

既要浪漫，也要现实

教育孩子，是一件浪漫的事情

大凡搞教育的人，其身上都会带有一些浪漫的色彩，否则教育就会变得乏味，变得死气沉沉。

大凡做父母的人，一旦有机会对孩子进行教育，如若没有一点浪漫的情调和行为，就称不上优秀的父母。

人们会用浪漫的语句去描述做父母的人身上所带有的对孩子的浪漫之情：

• 在你对我伸出小手的那一瞬间，我就拥有了世界上所有的关怀与热忱。

• 如果我是鸟儿，我会给你自由；如果我是花儿，我会给你香气；然而我是人，所以只能给你我的爱。

• 也许是多年前就已经悄悄地播下的种子，终于露出了嫩嫩的细芽，泛出了一点浅浅的新绿。让我寄予美好的期望，细细地触摸，慢慢地观赏。

• 将我的真心，放在你的手心，让我安心地牵着你的手，不去想得太多，只是不停地往前走去。我深知我是如此地牵挂你，如此地爱你，这将是我一生中心底里的幸福。

• 好想有一天，你微笑着走来，轻轻地对我伸出你的手，挡去所有的忧伤，抹去所有的孤寂。

• ……

桃树的树枝，有的虬曲多姿，有的修长细柔，有的粗短苗壮，可谓千姿百态。每年春季，桃花盛开，满园春色，一片粉红，好似彩霞，清香袭人，旖旎多姿，实在诱人至深。如若种植桃树，只是为了欣赏桃枝和桃花，那么桃树的种子本身就具有基因自然表现的巨大能量，它们会从大自然中自己汲取阳光、水分和部分养分，无需种植者给予精心培育，就能给人以赏心悦目的景色。

生养孩子，如若只是为了欣赏孩子的成长过程，愉悦自己的心情，就如种植桃树，只是为了观赏，只要开花，不求结果，那确是十分浪漫的事情。那么，父母就无需给予孩子精心照料，只需让其自由发展，成为孩子自己想要成为的人。

然而，培植桃树，期望撒下的种子不仅能开出艳丽的桃花，还要能结出甜美如蜜的桃子，那么这个过程就不会那么浪漫了，甚至有点艰难，还会有点痛苦。

人工精心培植桃树并非一件简单的事情，需要把握一系列的种植技术，包括种植园地的选择、品种的选择、种植密度的确定、树体的控制，以及施肥技术、浇水技术、授粉技术、修剪技术、病虫害的防治技术等，只要一个环节出了问题，可能就不能得到丰硕的果实。以施肥为例，施肥过程中要使用足够分量的、效果比较长久的农家肥（基肥），以促进桃树生长，要将此种肥料深埋；还要根据桃树的生长情况选择不同的肥料加以追肥，肥料有萌芽肥、壮果肥等，以此确保可以在桃树不同的生长阶段为其提供所需的养分；此外，还要给不同的桃树施以不同的肥料。如若施肥过程不到位，那么肯定不可能如愿地收获到美味可口的桃子。

同样，父母精心培育孩子并非一件简单的事情，需要把握一系列的教育理念和行动，否则不可能培养出符合预期的人才。

既要浪漫，又不能太浪漫

培养孩子，确是一件浪漫的事情，这就如同种植桃树，观赏桃花一般，能给人带来愉悦之情，能让人触景生情。

　　国内外有很多先哲常常带着浪漫的情调去谈及儿童和儿童的教育问题，不是没有道理的。

　　在那桃花盛开的时候，走在花前柳下，也许不会有太多的人去思考以后究竟要得到的是怎样的果实，更不愿去想象需要付出多大的努力方能收获自己想要的果实。

　　说实在的，也许只有果农没有太多的心思去欣赏白里透红的桃花，他心里想得更多的也许就是在收获的季节获得实实在在的桃子。

　　做父母的人很难，既要"欣赏桃花"，看到、欣赏孩子的成长过程，又要"收获桃子"，培养出自己期望中的人才。

　　具体地说，做父母的人在教育孩子的过程中必须面对很多的现实问题，并一个一个地去解决这些问题，所有的这些问题以及这些问题的解决过程并不浪漫，而是很现实，现实到没有心思再去浪漫。

　　例如，孩子不可能生活在"真空"之中，他无时无刻地会受到周边环境的影响，一旦染上了不良习气和行为，父母是严加阻止还是任其自然？

　　又如，社会竞争激烈，面对层层考试和选拔，父母是为孩子未来获得一些"入门资格"而做好准备，还是任凭孩子自己的兴趣、需要而自由发展？

　　再如，……

　　一言以蔽之，做父母的人很难，难在既要浪漫，又要面对现实。

在浪漫与现实之间

　　既要浪漫，又要现实，这是两难。

　　重浪漫，还是重现实，即使在教育专家那里，也是纷争不断，公说公有理，婆说婆有理，没有定论。就像种植桃树，究竟重在观赏桃花，还是重在收获桃子，不同的人各有自己的选择和判断。

　　因为重浪漫，就会主张顺应桃树的自然成长，就会抨击"揠苗助长"，认为会摧残生命。

　　因为重现实，就会批判"放任自由生长"，就会嘲笑那样的做法只能是"光有开花，没有结果"。

既要浪漫，又要现实，看似两方面都不误，却往往两头都顾不上。

其实，教育孩子就是如此纠结，如此让人"左也不是，右也不好"。具体地说，教育孩子的"艺术"就在于"平衡"，在浪漫与现实之间摆平关系，这种关系不是简单的比例关系，而是发生在孩子成长过程中的动态平衡关系。

桃花好看，桃子诱人，既要桃花，也要桃子。

要桃花，不是让桃树自由成长就好，而是不要在桃树的成长过程中人为地"折腾"桃树，让桃树按照它自身的规律去生长更好。

要桃子，不是给予桃树越多的"照料"越好，而是"适时、适量、适情"地给予"干预"，让桃树按照人们的意愿结出果子。

教育孩子，就是这么难的一件事情。

满足孩子需要的诀窍

孩子行为动机的"发源地"——需要

与成人一样，需要也是孩子行为动机的"发源地"。

人本主义心理学家马斯洛把人的需要分为五个不同的层次，由低级到高级排列，它们是生理的需要、安全感的需要、归属感与爱的需要、尊重的需要以及自我实现的需要。

需要是人生存和发展的重要条件，它是人对内部环境或外部生活条件的要求，只有满足了这些需要，人的行为才有动机，人才有可能得以成长。低层次需要的满足，能保证身体的健康成长，高层次需要的满足能保障心理的健康发展。

孩子来到人世间，离不开食物、水、氧气、保暖物、睡眠和住所，也少不了安全，需要基本生活有保障，避免生存的危险，只有满足了这些需要，孩子才能健康发育、成长。

作为成长中的人，孩子除了低层次需要的满足，还要高层次需要的满足，这样才会有益于塑造健康的人格，才能给其一生带来持久的快乐。

归属感与爱、尊重以及自我实现需要的满足，是培养一个自尊、自信、善于沟通、善于交往、有目标、有追求的人的基本条件。

作为人的行为动机的"发源地"，需要有"合理需要"和"不合理需要"之分，要满足的是孩子的"合理需要"，而不是"不合理需要"。无限制地去满足孩子的"不合理需要"，会走向其反面，甚至会让孩子走上犯罪的道路。

去超市买东西的启示

要满足孩子的合理需要，按照一般的思路，那就是先要弄清楚孩子的需要是什么，然后再根据其需要提供各种条件以满足，但是这样做很难。

可以想象，虽然我们无法知道每一个去超市买东西的人究竟需要些什么，但是只要给予他自由选择的机会，他从货架上取到购物车上的东西一定就是他所需要的东西。

反之，可以想象，如果有个营业员站在商店的门口，仔细观察和估量每个消费者的表情、神态和行为，然后告诉消费者应该买些什么，那么基本上是做不到满足消费者的需要的。

这样的事例在日常生活中比比皆是。

去自助餐厅吃饭，无需多问孩子想吃些什么，只要让他自己去选择就行，他放在盘子里的食物就是他需要的。

去游乐场玩，无需太多问及孩子想要怎么玩，只要让他自己去选择就行，他选的游乐项目就是他需要的。

……

由此，可以得出一个简单的结论：要满足孩子的需要，只需给予他选择的机会。

与孩子一起去买玩具、买图书，只有他喜爱的玩具和图书才是能满足他需要的，才可能是有价值的，因此要耐心地等待孩子，让孩子有足够的时间自己去选择。

让孩子参加公益活动，要尊重孩子自己的选择，尊重他的意愿，这样他才会满足自己内心的需要，实现自己所追求的价值，以最大的热情和努力积极地去参与。

……

给予孩子自我选择的权利，这是满足孩子需要的一个"诀窍"。

只有选择，是远远不够的

给予孩子自我选择的权利是重要的，但是还远远不够。

一只小狗，为了满足自己的生存和更好的生活，也会从各种生存、生活条件中选择它自己所要的东西。

与动物不同，人有高层次的需要，有高层次的追求，这不仅是人的进化带来的基因变化，而且是适应环境与给予教育的结果。

如若只是停留在"让孩子自由选择以满足自身的需要"之上，那么孩子可能只会在原有经验基础上徘徊。教育会让孩子"突飞猛进"，去追求更高层次需要的满足，获取精神层面的长进。换言之，要通过教育，引导孩子去得到高层次需要的满足。

例如，去自助餐厅吃饭，如果只是让孩子去选择自己想吃的食物，那也许可以满足他的一些需要。但是，应该看到，孩子选择什么食物，只是基于他原有的经验，很多以前他没有吃过，却十分好吃或有营养价值的食物也许并不在他选择的范围内，他会错过很多好吃又有营养价值的食物。如果有个"美食家"适当地指点孩子，去获取那个自助餐厅值得尝试的食物，那么这个孩子有可能在选择食物方面提高一个层次，能让他在更高的水平上去选取食物。

同样，在满足孩子高层次精神需要方面，如果只是让孩子去选择，那么孩子的选择也只是基于他原有的经验，他不一定清楚还有更多更好的选择，他会错过很多更有价值的东西。如果家长能引导、指点孩子去获取精神需要方面更好的、更有价值的东西，那么这个孩子有可能会在满足需要上提高一个层次。

引导孩子去追求更高层次需要的满足，这是满足孩子需要的另一个"诀窍"，而且是更重要的"诀窍"。

有个故事叫做《鱼、钓竿和钓鱼的技巧》

一个老人在河边钓鱼，一个小孩在一边看他钓鱼，不多久，老人就钓了满篓的鱼。老人很喜爱这个小孩，要将整篓的鱼都送给他，小孩却想要老人手中的钓竿。老人好奇地问："你要钓竿干什么?"小孩说："篓里的鱼没多久就吃完了，但是我有了钓竿，就可以自己钓，我会有吃不完的鱼。"老人听了哈哈大笑，将钓竿给了孩子。但许久，孩子一条鱼也没有钓到。老人让孩子在"满篓的鱼""钓竿""钓鱼的技巧"三者之间再作一次选择，这次，孩子选择了跟老人学"钓鱼的技巧"。这件事给这个孩子留下了深刻的印象，他立志要成为一名教师，不断去演绎他的故事——"授之以鱼不如授之以渔"，不仅给学生传授知识，还给予学生学习的方法。

发现长处，扬长避短

《一个破水桶》的故事

民间有个《一个破水桶》的故事，道理简单却深刻：

一个农民家里有两个水桶，他每天都用一根扁担挑着两个水桶到河边去汲水。

在这两个水桶中，有一个水桶的边上有一道裂缝，每次农民担水到家时，这个破水桶内的水都漏得只剩下半桶了，而另一个水桶内的水则总是满满的。多年以来，日复一日，这个农民天天从河里担回家的只是一桶半水。

那个没有裂缝的水桶很为自己的完美无缺而得意，相反，另一个有裂缝的水桶则为自己的缺陷而感到羞愧。一天，有裂缝的水桶终于鼓起了勇气向主人开了口："我感到很惭愧，因为我身上有裂缝，一路上都漏水，让你只能担半桶水到家，你受累了。"

农民笑着对那个有裂缝的水桶说："我担水的时候你们分别在小路的两侧。你注意到了吗，在你的那一侧，沿路都开满了花，而另一侧却没有花？其实我早就知道你身上有裂缝，会漏水，于是在你的那一侧路上撒了花籽，每天担水回家的路上，你漏出的水正好给那些花浇了水。我常从这路边采摘鲜花来装点我的餐桌，如果不是因为你，我怎会有如此美丽的鲜花来装饰自己的家呢？"

那个有裂缝的水桶听了恍然大悟，他觉得自己很有用。

世界上没有十全十美的人，每个人就好比那个有裂缝的桶，都会有这样或那样的不足或缺点，有的可能还是比较严重的不足或缺点。

世界上虽然没有十全十美的人，但是每个人身上都会有优点和长处，即使有比较严重不足或缺点的人，其身上也还是会有长处和优点的，只是要善于去发现，善于去挖掘和运用这些长处与优点。

要善于去发现孩子身上存在的长处和优点，也要帮助孩子克服身上存在的不足或缺点，更为高明的是善于将孩子身上存在的不足或缺点转化成为长处和优点。

不触犯"雷区"，保护好"堡垒"

每个人心中都有"雷区"和"堡垒"，要保护好心中的"堡垒"，不要去触犯"雷区"。

在待人处世中，短处、痛处是人的忌讳，那就是"雷区"，触犯"雷区"，会给人造成伤害。所以做人千万不可一味揭人之短，伤人自尊。

父母爱孩子，但是越是爱孩子，越容易不经意地触犯孩子的"雷区"。如若这样做，可能会让当众被揭短的孩子一生都活在自卑里，这就如同捅了孩子一刀，而且是"致命"的。

教育孩子，不是要做给别人看的。当众训斥孩子，却大多是"做"给别人看的，也许还是在跟自己较劲，例如，可能自己想表现的是："你们看，我可是有原则、有规矩的家长哦！"

网络上热传一个话题，说的是毁掉一个孩子只需七步。前六步虽然对孩子的成长都不利，但还不算是最厉害的：（1）让孩子觉得自己什么都不行，没人赏识他；（2）经常拿他与比他优秀的人作比较，用以刺激他；（3）把家长塑造成一个家庭的牺牲者；（4）与孩子说话时采用命令的语气；（5）安排孩子的一切自由时间；（6）自己工作不顺，回家迁怒于孩子。不过，第七步才是毁掉孩子的杀手锏，那就是总是当众教训孩子，让他出丑。

期盼社会、他人对自己尊重，这是一个人的天性，是一种高层次的需要。

成人是这样，孩子也是这样，都希望自己被别人认同、赞赏。一个孩子在大庭广众下被自己的父母当众揭短，说出糗事，会把孩子的自尊撕得粉碎，这样做会让他产生惧怕社会的心理，会出现自惭形秽的念头，并会给其留下噩梦般的童年回忆。

要站在孩子的立场去尊重、理解孩子，保护他的自尊，这样才能让他形成一种自爱、自强的人格品质，这样的孩子在今后才会尊重别人，并得到别人的尊重。

当然，要尊重孩子，保护他的自尊，并不是不要批评孩子，而是要把批评留在合适的地方；批评要就事论事、理性且合理，这样才会对孩子起作用。

此外，每个孩子都有自己的长处，都有能得到自己或别人较高评价的方面。例如，有的孩子富有才艺，能唱会跳，常常得到别人的赞扬；有的孩子语言能力特别强，善于表达，经常在评比中得到"故事大王"的奖励。这些方面都是孩子心目中最重要的"堡垒"，孩子的自尊往往建立在这些"堡垒"的基础之上。如果这些方面一再受挫，则会从根本上动摇孩子的自尊心。家长应注意摸清孩子这些最重要、最敏感的方面，避免孩子在这些方面受到挫败，一旦失败则要及时补救。

不拘一格培养人才

"不拘一格降人才"，这是晚清著名诗人龚自珍《己亥杂诗》中的诗句，流传至今，在如何看待人才、如何培养孩子方面，仍具有现实意义。

当时，选拔人才看重的是四书五经，而对其他的技能、能力并不重视。龚自珍用这首诗告诉人们：只有狂雷炸响般的巨大力量，才能使中国大地发生勃勃生机，朝野臣民噤口不言终究是一种悲哀。我劝皇上要重新振作精神，不要拘守一定的规格去选取人才。

当今，在选拔人才时不应只是看重备选人员的学习成绩，在培养孩子时也不应只是关注孩子的学习成绩。每个孩子的天资、潜能、特点、兴趣都不一样，"不拘一格降人才"，讲的是要找到孩子的长处，避免以统一的"标准"去评定孩子。只有扬长避短，才能充分挖掘孩子的潜能，做到"因材施教""人尽其才"。

　　每个孩子都是一个独一无二的人，在先天潜质上，一些方面很强，另一些方面就有可能较弱，很少有孩子样样方面都很突出。作为家长，重要的不是去拿自己孩子的各个方面与别人作比较，以区分谁优谁劣，而是要发现孩子的发展潜力和特点，识别并培养孩子区别于他人的能力和兴趣，帮助孩子去发展富有个性特点的才能。

不要与自己过不去

烦恼，是自己找的

有个故事叫作《踩着长鼻子的象》：

大象郁郁近日里遇到许多不开心的事，心里总是感到不开心，他还觉得朋友们都躲得远远的，不愿理他了，这也让他好伤心。

一天，大象郁郁走过一棵椰子树，树上正好有只椰子掉了下来，差点砸在他的脑袋上。他认为这是椰子树存心在欺侮他，这使他很生气。他用长鼻子使劲地摇晃着椰子树，想把椰树上的椰子都摇下来，可是椰子树上的椰子一个也没掉下来。

大象郁郁生气地走了，没走几步，他突然发现踩着了自己的长鼻子，鼻子好痛好痛，他连忙用腿揉着鼻子，但还是感到鼻子的疼痛依然没有消除。

遇上这么多倒霉的事，郁郁靠在一棵大树上伤心地哭了起来。

这时，小兔乐乐走了过来，看到了大象郁郁，问他为什么这么伤心，郁郁把发生在自己身上的事都告诉了小兔乐乐，乐乐听了哈哈大笑，说："我才不信呢，你再踩踩自己的长鼻子给我看看！"

大象郁郁转着圈儿使劲去踩自己的长鼻子，转了老半天，一次也没踩着，但是他那模样儿倒挺像在跳快乐的舞蹈。

大象郁郁的一群好朋友们——刺猬、黑熊、梅花鹿正好路过，他们看见了跳舞的大象，都为他拍手叫好。郁郁也乐了，他回头一看，原来自己刚才踩着的是一根枯树枝，而不是自己的长鼻子。

打这以后，大象郁郁不再闷闷不乐了，他跟他的好朋友们一起玩得好快乐。

（选自张秋生《踩着长鼻子的象》）

这个故事至少可以告诉我们：（1）世上本无烦恼，人的烦恼是自己找的，人的快乐也是自己找的；（2）烦恼给人带来消极的情绪，让人难过、伤心、烦躁，让人感到别人都在与自己过不去；（3）"当局者"迷，"旁观者"清，别人的看法很重要。

这个故事对于孩子的教育也至少可以提供这些启示：（1）孩子的自尊、自信是孩子快乐成长的前提；（2）孩子的自尊、自信常来自日常生活，要及时排除导致孩子不自尊、不自信的各种因素；（3）家长和他人的意见对孩子自尊与自信的建立很重要。

本来无一物，何处惹尘埃

据说，禅宗第五祖弘忍年纪已大，想将衣钵传给大弟子神秀，便考查他对教义的禅悟，神秀想了半天，才结巴地回答了一段话："身似菩提树，心如明镜台，时时勤拂拭，莫使惹尘埃。"意思是："人的身体就犹如菩提树一样有根，心灵就像明镜台一样敞亮。但是明镜有时候也会变得黯淡无光，所以我们要时常擦拭它，以免它惹上灰尘，障蔽了光明的本性。"弘忍听了，眉头紧锁，总觉得差了点禅意。

在弘忍和神秀边上站着个小和尚，他的名叫慧能（又称"惠能"），见状脱口而出："菩提本无树，明镜亦非台，本来无一物，何处惹尘埃？"他的意思是："菩提是种觉悟，没有树可言，人的心如明镜一般，没有什么台；本来就什么都没有，又何来惹尘埃一谈？"弘忍听了十分赞赏，心想他竟然能够有如此大彻的"顿悟"，实在是难得的人才，于是后来就将衣钵传给了慧能，成了禅宗六祖。

六祖慧能提出的"顿悟"，出自《坛经》，在很长一段历史时期内一直被视为"经典"，成为中华传统文化的重要组成部分，是佛教中所谓的人一旦进入人与物一体，人无物，物无人的状态，许多事情就可以"视而不见、听而不闻、触而不觉"。用现代的话说，那就是人生中的许多烦恼是自找的，学会"悟空"，便能减少许多不必要的烦恼。

孩子空空而来，本无烦恼，烦恼来自与别人的攀比，使孩子逐渐迷失了本心，烦恼也来自不切实际的幻想，使本该快乐的孩子变得不快乐了。

其实，在孩子的成长过程中，与别人的攀比和不切实际的幻想最初都来自父母。如果说，成人的烦恼多是自己寻找来的，那么可以说，孩子的烦恼主要是父母给予的。

让孩子快乐，不要烦恼的办法就是少去攀比、少去幻想，让孩子忘掉烦恼的事情，给孩子的心留有更多的空间。

有自信，才会有快乐

古往今来，自信总被看作是成功的一个秘诀。失去了自信，人便会自寻烦恼，会因失望的情绪窒息，就会失去快乐。

在成长的历程中，孩子如何看待自己，如何对待自己的成功与失败，这是十分重要的，一个连自己都不相信自己、看不起自己的孩子很难在未来的生活中获得成功。在幼儿期，孩子逐渐开始形成如何看待自己的意识了，并不断发展，逐渐形成自己独特的个性。

年龄较小的孩子，在看待自己时往往带有主观的情绪色彩，一般会以自我为中心，过高地估计自己，以为自己什么都比别人强，随着年龄的增长，对自己的这种看法才逐渐接近客观。

在孩子中，自己不相信自己、看不起自己的情况比较少见。这些孩子由于缺乏自信心，往往会表现为行为退缩、情绪抑郁、不善交往、缺乏主动性和责任感，甚至经常与自己过不去。这种状态若不改变，往往会有碍孩子个性的健康发展，会让孩子难以适应未来复杂多变的社会生活。

　　孩子建立自信，与周边人对其的评价有密切的关系。具体地说，经常地夸奖孩子的长处，适当地给予奖励，不要过度地批评孩子的弱点、缺点，对于孩子相信自己、正确看待自己是有益的。

教育孩子中的"三十六计"

"三十六计"是智慧，不只是方法

教育孩子需要智慧，智慧不是自然的恩赐，而是经验的结晶。

智慧的父母，会把握教育的规律，会深刻洞悉孩子及与其相关联的事物，会创造性地驾驭自己的言语、行为、态度，会灵活机智地应对家庭教育情景。

自从有了人类，就有了教育的智慧。人类教育孩子的智慧，起源于愚蠢、失败的废墟，积累于点点滴滴的经验。父母教育孩子的智慧，可以来自自己的教育经验，尤其是挫败的经验；也可以借鉴他人的经验，他山之石，可以攻玉。

很多家长都知道自然惩罚法则，懂得最好的教育就是让孩子接受自然的惩罚。自然惩罚法则是法国教育家卢梭提出的一种教育法则，指的是一旦孩子犯了错，父母不给孩子过多的批评，而让孩子自己去承受行为过失或犯错带来的后果，感受不愉快的心理体验，从而自觉地弥补过失，纠正错误。

还有相当比例的父母知道《狐狸的故事》，相信这个故事的教育寓意是有用的——小狐狸长大了，找回了家。但是老狐狸却挡在了洞口不让自己的孩子回来，逼它们自谋生路。这样的教育效应有益于培养孩子的独立性，虽然看似"狠心"了一点。

世界上没有教育不好的孩子，只有不会教育孩子的父母；世界上没有最为有效的教育策略和方法，因为没有哪一种教育策略和方法是最为有效的，而有的只是哪一种策略和方法比较适合某个特定的孩子，因为每个孩子都不一样。

选择适合特定孩子的教育策略和方法就是教育智慧，它既确定，又不确定；它既有规律，又无固定规律。

"三十六计"是我国古代兵家计谋的提炼，是根据战争经验总结而成的兵书。"六六三十六，数中有术，术中有数。阴阳变理，机在其中。机不可设，设则不中。"这一评说说的是在三十六计中，方法和谋略相互协调，策略孕育其中，但策略不可事先凭空设计，否则就不可能成功。

如同"三十六计"，心理学中有许多效应、定律和法则，可以给予父母教育孩子的智慧，而不是固定的方法和谋略。换言之，怎样去教育孩子，取决于面对的是"谁""在什么时候""在什么情景下"，该采用什么效应、定律或法则，而不是去辨别哪个效应、定律或法则最好。

用得好，很有效；用得不好，可能有害

心理学中的效应和法则，是在有限环境下，由一些因素和一些结果所构成的因果关系，它们并非是普遍存在的、严格的科学定理和定律中的因果关系。

例如，苏东坡效应、罗森塔尔效应、投射效应、鱼缸效应、潘多拉效应、超时效应、淬火效应、墨菲效应、鸟笼效应、普雷马克效应、德西定律、南风法则、标签法则、刺猬法则等。

所有的这些效应和法则，都是"双刃剑"，具有积极的或消极的双重意义。换言之，用得好，很有效；用得不好，就无效，甚至可能有害。

例如，心理学中还有一个得寸进尺效应（又称登门槛效应），是指一个人一旦接受了他人的一个微不足道的要求，为了避免认知上的不协调，或想给他人以前后一致的印象，就有可能接受更大的要求，犹如登门槛时要一级台阶一级台阶地登，这样能更容易更顺利地登上高处。这个效应说明两个道理：人常面临各种不同目标的比较、权衡和选择，那些简单的目标容易让人接受；人也总愿意把自己调整成前后一致、首尾一致的形象，即使别人的要求有些过分。

美国心理学家弗里得曼做过一个实验：他让助手先去将小招牌挂在被试的窗户上。过了半个月，助手再次登门，要求将一块大招牌放在被试的庭院内，这个招牌不仅大，而且很不美观。同时，助手也向以前没有挂过小招牌的被试提出在庭院里放不美观的大招牌。结果前者有55％同意在庭院里放大招牌，而后者只有不到17％同意，前者比后者高3倍。人们把这种心理现象叫作得寸进尺

效应。

将得寸进尺效应运用于教育孩子，即如果先让孩子接受一个小要求，再让他接受一个很大的，甚至是很难的要求时就会容易很多。因此，即使是对于有不良行为的孩子，父母也要善于引导，善于"搭梯子"，按照"小步子、低台阶、勤帮助、多照应"的原则，使孩子的行为逐渐转化。

但是，对于那些各方面都很优秀的孩子，得寸进尺效应似乎有点"不过瘾"，甚至有点"多此一举"的感觉。

高明之处在于"计上心来"

教育孩子如同打仗，胜者不是能够滚瓜烂熟地背诵"三十六计"的人，而是"眉头一皱，计上心来"，能在现场解决问题的人。

"眉头一皱，计上心来"意味着对"三十六计"已经烂熟于心，已经了如指掌，意味着能够"一计不成，又生一计"。

在心理学中，众多的效应和法则有个共同的特点，那就是在特定的、有限的情景下智慧地去运用才会有效，否则就会适得其反。所以，最高的境界就是"计上心来"，这意味着不用去"苦思冥想"，教育孩子的策略就会不由自主地"涌上心头"。

在心理学中，众多的效应和法则还有个共同的特点，那就是"有效才是硬道理"，而不是哪个道理更好。所以，在尝试中不断去比较，去反思，去纠正，去灵活运用，"一计不成，又生一计"，多次反复，才会练就"眉头一皱，计上心来"的真本领。

苏东坡效应与刺猬法则

苏东坡效应

人世间有许多警句告诫人们，认识自己比什么都难、都重要：

- 人生最困难的事情就是认识自己。

- 认识别人，总比认识自己来得容易。

- 只要能认识自己，便什么也不会失去。

- 一个人不是通过思考，而是通过实践，才能认识自己。

- 人贵有自知之明。

- 一个真正认识自己的人就没法不谦虚。

- ……

宋代诗人苏东坡的两句诗有云："不识庐山真面目，只缘身在此山中。"

这就是心理学上的苏东坡效应：有时认识"自我"比认识客观现实更为困难。

在教育孩子上，苏东坡效应可以用以下大白话表达：

- 教育孩子，先要认识自己。

- 当局者迷，旁观者清，要用别人的批评扫除自我的"盲区"。

- 以人为镜，对照自己。

- 在教育孩子之前，先摆正自己的位置。

- 认识自己的修养和能力，把握"分寸"，适度要求孩子。

- ……

刺猬法则

西方有一则寓言，说的是在寒冷的冬天，两只刺猬相依相偎，抱团取暖，由于靠得太近，它们各自身上的刺将对方刺得鲜血淋漓。后来，它们调整了位置，相互之间拉开了适当的距离，于是不但能够互相取暖，而且还很好地保护了对方。

这就是心理学上的"刺猬法则"：在人际交往中，保持适当的心理距离，才会有好的效果。

在教育孩子上，刺猬法则可以用以下的大白话表达：

- 不要让孩子"黏"在自己身上。
- 不远不近，才会有正常的亲子关系。
- 距离产生美，亲和感和敬畏感并举。
- 不要无端占用孩子的时间和空间。
- 爱而不宠，养而不娇，该严就严，该松就松。
- ……

以纪伯伦的诗为参照

在家庭教育中，"知己知彼"以及"处理'己'与'彼'之间的关系"这类问题说不清也道不明。苏东坡效应与刺猬法则多少能给人一些提示和启迪。

纪伯伦曾写过一首动人的诗——《致孩子》：

你们的孩子，都不是你们的孩子，

他们乃是生命为自己所渴望而诞生的孩子。

他们只是经你们而生，

却不是从你们而来，

他们虽与你们同在，

却不属于你们。

你们可以给予他们以爱，

却不可以给他们以思想，

因为他们有自己的思想。

你们所能庇护的是他们的身体，

却不能庇护他们的灵魂，

因为他们的灵魂居于明日的世界，

那是你们在梦中也无法探访的地方。

你们可以努力地去模仿他们，

却不能要求他们与你们一样。

因为岁月无法倒流，

生命也不会停滞于昨日。

你们是弓，

而孩子就像弦上向前射出的、有生命的箭。

射箭者看见了苍茫路途中的目标，

也用力将你们弯曲——拉满弓，

以使手中的箭射得又快又远。

要为射箭者所成就的一切而欢欣喜悦吧，

因为他不仅爱那射出的飞箭，

也爱手中握着的、稳固的弓。

将活泼的羽箭送往前方。

纪伯伦的这首诗将"父母是谁""孩子是谁""父母与孩子之间的关系是什么"都说得十分明白。

父母不可给孩子以思想，不可庇护孩子的灵魂，而是将生命的箭送往远方的射箭的人。

孩子是渴望生命而为自己活着的人，有自己的思想，有自己的灵魂，是在弦上射向前方的、有生命的箭。

父母与孩子之间的关系是经父母而生，却不是从父母而来，虽与父母同在，却不属于父母。孩子的灵魂居于明日的世界，父母可以去模仿孩子，却不可让孩子与自己一样。

纪伯伦的诗多少说出了亲子及两者之间关系的一些道理，而且是很深刻的道理。

如若以纪伯伦的诗作为参照标准，那么在教育孩子中，不少父母的自我认识真的是不知不觉地陷在了"只缘身在此山中"。

人生有三重境界，第一重境界是看山是山，指的是看什么是什么，即只看事物的表面；第二重境界是看山不是山，指的是开始思考事物背后的内在含义；第三重境界是看山依然是山，指的是经由大彻大悟后明白山的本质。

世间万物，都由心生。孩子来到了人世，对父母来说是兴奋的、新鲜的，但又是陌生的，因此他们所看到的孩子只是表面化的。等到父母以自己的方式和行动去对待孩子时，发现养育、教育孩子完全不是自己想象中那么简单，就进入了"看山不是山"的困境，这就是"只缘身在此山中"的道理。只有到达能深刻认同纪伯伦所"论述"的状态，才再度进入了"看山是山"的境界。

如若以纪伯伦的诗作为参照标准，那么就十分容易理解刺猬法则的原理：每个刺猬都是独立的个体，要亲近，但也要保持距离，要给予温暖，但也要松手。

亲近与保持距离、松手与给予温暖看似都是相反的，却是辩证的、艺术的和高明的。纪伯伦的诗以震撼人心的语言告知了父母，孩子不属于你们，但要给予爱和温暖，孩子等待你们松手，将他射向远方。

罗森塔尔效应与墨菲效应

罗森塔尔效应

罗森塔尔效应与皮格马利翁效应虽然词源不同，但说的却是同一个意思，那就是美国社会学家罗伯特·默顿提出的自我实现的预言效应。

罗森塔尔效应来源于哈佛大学的罗森塔尔博士做过的一个实验。

20世纪60年代的一天，罗森塔尔来到一所小学，他对18个班的学生进行了"未来发展趋势测验"，随后就将一份"最有发展前途的学生"的名单交给了校长和相关老师，并叮嘱他们务必要保密，以免影响实验的正确性。其实，罗森塔尔撒了一个"权威性谎言"，因为名单上的学生是他随机挑选出来的。8个月后，罗森塔尔和助手们对那18个班级的学生进行了复试，奇迹般地出现了以下结果：但凡上了名单的学生，个个成绩都有了很大的进步，而且性格活泼开朗，自信心强，求知欲旺盛，更乐于与他人交往。

很明显，罗森塔尔的"权威性谎言"发挥了作用。具体地说，这个谎言对老师产生了暗示，左右了老师对名单上学生的能力的评价，老师相信了作为专家的罗森塔尔的结论，相信那些名单上的孩子确有发展前途，对他们寄予了更高的期望，投入了更大的热情，更加信任、鼓励他们。这些孩子感受到老师对自己的信任和期望，自信心得到增强，因而比其他学生更努力，进步得更快，都成为了优等生。

皮格马利翁效应来源于古希腊神话。

皮格马利翁是古希腊神话中塞浦路斯国王的名字，相传他是一位知名的雕塑家，他精心地雕刻了一位美丽的少女，而且还深深爱上了她，给她取名盖拉蒂。皮格马利翁还给盖拉蒂穿上美丽的长袍，拥抱她，亲吻她，真诚地期望盖拉蒂能接受自己的爱。他带了丰盛的祭品来到女神阿弗洛蒂忒的神殿向她求助，祈求女神能赐给他一位如盖拉蒂一样优雅、美丽的妻子，他的真诚期望感动了女神，女神帮助了他。皮格马利翁回到家后，走到盖拉蒂的雕像旁并凝视着她，雕像的脸颊慢慢地呈现出血色，眼睛开始释放光芒，嘴唇缓缓张开，露出了甜蜜的微笑，用充满爱意的眼光看着他，并向皮格马利翁走来。皮格马利翁惊呆了，一句话也说不出来。盖拉蒂的雕像最后成了皮格马利翁的妻子。

这就是心理学上的罗森塔尔效应（或称皮格马利翁效应）：将预设的期望或明或暗地传递给他人，会使人按照所期望的方向塑造自己的行为。

在教育孩子上，罗森塔尔效应可以用以下的大白话表达：

- 赞美、赏识和期望是孩子成长的正能量。
- 说你行，你就行，不行也行；说你不行，你就不行，行也不行。
- 说句好话，轻而易举，但可让孩子受益终身。
- 让孩子会说："我很棒，但我还能更好!"
- 欣赏引导成功，抱怨导致失败。
- ......

墨菲效应

1949 年，一位名叫爱德华·墨菲的工程师随口对他的一位运气不佳的同事开了个玩笑：如果一件事有可能被做坏，让他去做就一定会更坏。这句本无恶意的玩笑话居然被迅速传播，并演绎成"如果坏事情有可能发生，不管这种可能性有多小，它总会发生，并会引起最大可能的损失"。

墨菲的这句话看似是违背"概率论"原理的，它之所以被广泛传播和运用，是因为"会出错的事总会出错"，是因为"如果担心某种情况会发生，那么它就更有可能发生"，是因为人要做事必须有清晰的防范意识，不管所防范的事情发生的概率有多大，只要具有大于零的概率，就不能够假设它不会发生。

这就是心理学上的墨菲效应：不管事情变坏的可能性有多小，它总会发生，要笑着应对所发生的不幸或损失。

在教育孩子上，墨菲效应可以用以下的大白话表达：

- 要与错误共生，敢于面对。
- 始终以正面、阳光的心态面对孩子。
- 要控制情绪，抵制烦恼，教育孩子切忌感情用事。
- 对自己的自卑等负面情绪或不良念头采取零容忍的态度。
- 承认自己在教育上的无知，才会让自己做得更好些。
- 在教育上，如果真的发生不如人意的事情，也要淡定地应对。
- ……

一正一反的效应

罗森塔尔效应和墨菲效应讲的都是人的预期，都在"心理暗示"这个范畴内，却有截然不同的含义。前者说的是"期望什么，就会得到什么"，后者讲的是"害怕什么，就会出现什么，越是担心的事，越是会出现"。

做父母的人，对自己的孩子都有期望，即提前对孩子勾画其未来。罗森塔尔效应和墨菲效应一正一反，将父母对孩子期望的正反两个方面都讲透了：

因为"期望什么，就会得到什么"，所以对孩子的期望要好，要高，要执着。这叫作"拿得起"。

因为"害怕什么，就会出现什么，越是担心的事，越是会出现"，所以对孩子的期望不要太好，不要太高，也不要太执着。这叫作"放得下"。

正如鲁迅先生所说："拿得起是一种勇气，放得下是一种豁达。"拿得起，放得下，才会是教育的赢家。

投射效应与标签法则

投射效应

《庄子·外篇·天地》中有这样一个故事：

> 尧到华山视察，当地人祝他"寿""富""多男子"，尧都辞谢了；当地人说："寿，富，多男子，人之所欲也；女独不欲，何邪？"尧说："多男子则多惧，富则多事，寿则多辱。是三者，非所以养德也，故辞。"

在日常生活中，人们常与华山当地人一样，不自觉地将自己的心理特征（好恶、欲望、情绪、观念等）投射到别人身上，认为别人也是如此。

这就是心理学上的投射效应：人总会将自己的特点和想法投射到他人身上，并以此强加于人，产生推己及人的认知错误。

在教育孩子上，投射效应可以用以下的大白话表达：

- 要换位思考，站在孩子的角度去看待问题。
- 不要"以己之心度人之腹"，把自己的猜测、臆断强加给孩子。
- 要理解和尊重孩子的真实想法与需求。
- 要帮助孩子意识到自己与他人的不同，并接受自己。
- 要尊重孩子自己的选择。
- ……

标签法则

心理学家克劳特在 1973 年就做了如下的实验：

　　他将被试分成两组——实验组和对照组，并要求所有的人为做慈善而捐钱。对于实验组的人，他根据这些人是否捐过钱而给他们分别标上了"慈善的"或"不慈善的"；对于对照组的人，则没有标上任何标签。一段时间后，他再次要求他们捐钱，他发现那些第一次捐了钱并被标记为"慈善的"人，比那些没有被标记过的人捐得要多，而那些第一次被标记为"不慈善的"人则比对照组那些没有任何标签的人捐得更少。

这是心理学上的标签法则："标签"对人的自我认同有强烈的影响作用，驱使人往"标签"所示的方向行动。

在教育孩子上，标签法则可以用以下的大白话表达：

- 要毁掉一个孩子，只要给他贴个"标签"就够了。
- 不要轻易对孩子下"好"或"坏"的结论。
- "贴标签"容易，去掉"标签"很难。
- 对孩子的评价要保持一致性和连贯性。
- 当着孩子和外人的面，不要数落孩子。
- ……

别伤了孩子的心

投射效应给人的启示是以己度人，不要不由自主地将自己的想法强加于孩子；而标签法则意味着不要轻易给孩子定下结论，影响孩子的自我认同，为孩子的行为作出导向。这两者有其共同之处，那就是父母的情感常常带有片面性，父母的认知往往缺乏客观性，父母的判断不时被臆断性笼罩，其结果是伤了孩子的心，包括孩子的公正心、上进心和自尊心。

　　被伤了心的孩子讲不出成人那些富有哲理的伤心话，但是在心灵深处刻下的烙印是相同的。由此，不妨通过成人的一些伤心话，去体验一下被伤了心的孩子的心理感受：

　　• 心里有一道隐秘的伤。世界上最远的距离，不是爱，不是恨，而是最熟悉的人，渐渐变得陌生。

　　• 一刀一刀划着我的心脏却还说爱我，你真幽默！

　　• 我很好，不吵不闹不炫耀，不要委屈，不要嘲笑，也不需要别人知道。

　　• 我满脸微笑，说自己并不介意，眼里却是绝望。

　　• ……

　　伤害孩子的心，不会是父母的本意，但是往往在不经意中，甚至在一片好意中就自然地发生了，而且是"关系越亲密，发生的可能性越大"，这实在是有点"冤枉"的事情，是一件太不值得的事情了。

　　要保护孩子幼小的心灵，不要在无意中去伤害孩子的公正心、上进心和自尊心。投射效应和标签法则告知做父母的人，什么是在无意中伤害孩子，为什么会在无意中伤害了孩子，以及如何去防范在无意中可能出现的错误。

鱼缸效应与淬火效应

鱼缸效应

在一个大公司的总部，办公大厅内摆放着一个漂亮的鱼缸，十几条热带鱼在鱼缸里时而摇摆游动，荡出圈圈水波，时而小憩，平静地浮在水面上。它们长约三寸，头尤其大，脊背一片红色，甚是漂亮，进出大厅的人都会因此而驻足停留，观看欣赏。两年过去了，每条鱼依旧只有三寸来长。

一天，董事长的儿子来找父亲，看到这些小鱼，十分好奇，试图从鱼缸里抓出一条鱼来，不料却把鱼缸打破了，鱼缸里的水洒了一地，鱼缸里的鱼都平躺在地上，偶尔吃力地翻动着自己的身子。周围的人急忙把这些鱼从地上捡起，然后暂时将它们放到办公楼外院子中的喷泉池里。

两个月以后，一个新的鱼缸被抬到了大厅的原来位置，十几条被暂放在喷泉池里的鱼被捞了起来，并被放回到鱼缸里。这时，人们惊讶地发现，仅仅两个月的时间，那些鱼竟然都由三寸来长疯长到了一尺。

对于鱼为什么会长大，各人讲述了自己的理由，谁也说服不了谁，但是他们有一个共同的理由，那就是喷泉池要比鱼缸大得多！

这就是心理学上的鱼缸效应：给人以自由的空间，他会更好地成长。

在教育孩子上，鱼缸效应可以用以下的大白话表达：

• 温室里的树长不高，鱼缸里的鱼长不大。
• 生态环境因素常常起决定性作用。

- 给予孩子成长的空间，孩子会有更好的发展。

- 大智若愚，隐含了教育的智慧。

- 坏事，有时会转变为好事。

- ……

淬火效应

有言道：最硬的钢，必须经过最炙热的火的锻造，这常是人文学家、社会学家们讲的话。

科学家从科学的角度讲，这句话应该是：最硬的钢，必须经过淬火。言下之意，只有炙热的火，还炼不成最硬的钢。

淬火，是一种金属热处理工艺。淬火的目的是大幅提高金属的刚性、硬度、耐磨性、疲劳强度以及韧性等，从而满足各种机械零件和工具的使用要求。淬火的过程通常是：（1）将金属加热到某一适当温度并保持一段时间；（2）浸入淬冷介质（如盐水、水、矿物油等）中快速冷却。

淬火原理用在心理学上，就是淬火效应：经历过"两重天"的人，才能成为坚强的人。

在教育孩子上，淬火效应可以用以下的大白话表达：

- 不经淬火，难以成才。

- 不同的生活经历，对孩子都是财富。

- 给予孩子一定的挫折，会增强孩子的承受力。

- 冷处理是应对孩子不良情绪的一种办法。

- 淬火过程要科学，否则将适得其反。

- ……

阴阳之道——水火两重天

将鱼缸效应与淬火效应作个比较，它们虽然讲的不是同一个道理，但是两者却有相当部分是重叠的，是"异曲同工"的，那就是：要放手，给予孩子成长的空间，让孩子去经历磨难，这样才能成才。

《茶经》是唐代陆羽所著，是中国乃至世界上现存最早、最完整、最全面论述茶的专著，因此陆羽被誉为"茶圣"。陆羽自小是个孤儿，被智积禅师抚养长大。陆羽虽身居庙中，却不愿终日诵经念佛，而是喜欢吟读诗书，他执意下山求学，却遭到禅师的反对，故意为难陆羽，叫他学习泡茶。有幸的是，陆羽碰到了一位老婆婆，不仅教会了陆羽复杂的泡茶技巧，更让他学会了不少读书和做人的道理。由于陆羽的刻苦钻研，他给禅师端来了刚泡好的苦丁茶，得到了禅师的认同，答应了他下山读书的要求。

球王贝利成名以后，有个记者采访时问他："以后你的儿子是否也会像你一样成为一代球王呢？"贝利十分干脆地回答："不会的，因为他与我的生活环境完全不同，我童年的生活环境非常差，而我却正是在这种恶劣的环境中磨炼了我的斗志，让我变得坚强了起来，这是我成为球王的基本条件。而我的儿子生活优越、安逸，没有经受过磨炼，因此他没有可能成为球王。"贝利出生在巴西的一个贫寒家庭，他的父亲也是名球员，但并不出名，收入低廉，母亲不希望贝利重走父亲的路，但是贝利从小爱好足球，一边在小镇街头踢球，一边还靠擦皮鞋给家里挣钱。

有言道："穷人的孩子早当家。"因为家庭条件，孩子必须承担起当家的事务，在锻炼之中有了发展自我的空间，也练就了应对苦难的本领。

当今的孩子，大都生活在"蜜糖"之中，因此不能因为鱼缸效应和淬火效应期望通过给孩子讲述"忆苦思甜"的故事，或者故意制造吃苦的情景，让孩子去体验和经历"水火两重天"。

鱼缸效应与淬火效应同时运用于孩子的教育，可以从以下的小事做起：

• 不多过问孩子自己的事情。

- 不以自己的好恶去要求和评价孩子的所作所为。

- 不要事必躬亲，关怀至微，要难得糊涂。

- ……

上述这类小事似"水"，如水的品性就是包容、随意、不确定。

- 不轻易给孩子零花钱，每一分钱都让孩子从家务劳动中获取。

- 不准孩子经常剩饭，知道"粒粒皆辛苦"。

- 规定孩子完成的事情，必须按时完成，不可讨价还价。

- ……

上述这类小事似"火"，如火的品性就是热烈、刻意、不可变。

两者看似矛盾，相互对立，水火不容；其实阴阳之道，相辅相成，相得益彰。

潘多拉效应与鸟笼效应

潘多拉效应

在古希腊神话中，普罗米修斯盗取了天上的火种到人间，天神宙斯为了惩罚人类，便派潘多拉去普罗米修斯之兄厄庇墨透斯处。潘多拉受诸神的祝福，使她成为最完美的女人，而跟厄庇墨透斯成了婚。潘多拉有个"潘多拉魔盒"，据说盒子里有着最可怕的诅咒。潘多拉由于太幸福了，总觉得生活中好像缺少了些什么，好奇心驱使她打开了那个盒子，于是病痛、战祸和灾难等都化作恐怖的幻象，飞向世界每个角落，所有罪恶都跑到了人间，人类灿烂辉煌的黄金时代也就此宣告结束。

如若宙斯在给潘多拉这个盒子时告诉她，盒子里装的是人类的罪恶，那么潘多拉是不会打开盒子的，如若宙斯只是简单地禁止潘多拉打开这个盒子，潘多拉的好奇、揣度和猜测也会导致她去犯禁。

这就是心理学上的潘多拉效应：好奇心和逆反心理会驱使人"不禁不为""愈禁愈为"。

在教育孩子上，潘多拉效应可以用以下的大白话表达：

• 禁止孩子做的事情，必须要有具说服力的解释。

• 多一个鼓励和赞美，就少一个背离者。

• 孩子的好奇心可以"载舟"，也可以"覆舟"。

• 要将孩子的好奇心引导到积极的方面。

- 克服孩子的逆反心理，需要智慧。

- ……

苏洵、苏轼和苏辙父子被誉为"三苏"，都被列入"唐宋八大家"。

儿时的苏轼和苏辙十分顽皮。为了引导他们喜欢读书，苏洵夫妇不仅晓之以理，喻之以义，而且施之以"魔法"：每当苏轼和苏辙玩耍嬉戏时，他们就躲在角落里读书，孩子一过来，他们就故意把书藏起来。父母"偷偷摸摸""神秘兮兮"的举动让孩子好奇不已，他们猜想父母一定在阅读不能让自己看的书籍，心存"不让看，偏要看"的欲念。于是他们趁父母不在家时，把父母藏起来的书"偷"出来读。日复一日，读书竟然成为了苏轼和苏辙两兄弟的乐趣。因为他们的努力学习，最终都成为了著名的文学家。

鸟笼效应

20世纪初，心理学家詹姆斯和物理学家卡尔森同时从哈佛大学退休。退休后的悠闲生活，让他总是争论一个问题：詹姆斯认为他有办法让卡尔森不久就养上一只鸟，卡尔森则认为自己压根就没有想过要去养鸟。

一天，詹姆斯为卡尔森送上一只精致漂亮的鸟笼，自那天以后，但凡到卡尔森家的访客都会看到空的鸟笼，而且总会关切地问他："你养的鸟到哪里去了？"

卡尔森一次又一次的解释换来的只是客人更加困惑的目光。久而久之，卡尔森不胜其烦，无奈地到鸟市场去买了一只鸟，并将鸟在笼子里养了起来。慢慢地，养鸟不仅成为了卡尔森生活中的一个组成部分，他对鸟也逐渐产生了兴趣。

这类现象在人们的日常生活中并不少见：

- 敞开的书比合上的书更容易让人想去读。
- 曾下决心不买东西的人总还忍不住会不断买回不需要的东西。
- 为了凑单，不惜花费金钱和精力，搭配着网购日常用品。
- 因不舍得代金券过期，会再到餐馆里花更多的钱。
- 做保险生意的人不断给投保人送礼品。
- ……

这就是心理学上的鸟笼效应：养鸟，起因于别人送了一只鸟笼，却无意识地被别人操控了。

在教育孩子上，鸟笼效应可以用以下的大白话表达：

- 要不动声色地去诱导孩子做值得做的事情。
- 兴趣是可以培养的，鸟笼效应是可用的方法。
- 鸟笼效应也可以培养学习的主动性。
- 辨明好恶，不要成为"鸟笼"的俘虏。
- ……

好奇心的正反两面

潘多拉效应和鸟笼效应，看似互不相干，却有内在关联。

潘多拉效应讲的是人有好奇心，不让做的事情，好奇心反而会驱使着去做；人一旦产生了逆反心理，会冒着风险去行事。

鸟笼效应讲的是人不感兴趣的事情，即使没有好奇心也有办法驱使着去做，即使不给予压力，人也会自觉自愿地去行事。

培养孩子成人，是有目的、有计划的。孩子的兴趣是孩子成长的驱动力，能帮助孩子更好、更快地达成培养目的。

　　孩子的兴趣是一把"双刃剑"。孩子有好奇心、有兴趣、有强烈的动机去做好事，固然是父母求之不得的事情；但是孩子有好奇心、有兴趣、有强烈的动机去做坏事，那是要绝对预防和阻止的，否则就会打开"潘多拉魔盒"，得到的是难以收拾的恶果，甚至是灾难。

　　孩子如若没有好奇心和兴趣，那也无妨，兴趣是可以培养的，将孩子的兴趣有效地引导到有益的事情上，就会产生鸟笼效应的效果，同样能够达成教育的目的。

　　潘多拉效应和鸟笼效应的共同之处在于，满足孩子的好奇心和兴趣是重要的，办法是多样的，要靠着智慧去运用，用得适当才叫作好。

超时效应与南风法则

超时效应

一次，作家马克·吐温在教堂听一位牧师演讲。最初，他觉得牧师讲得很动人，感人肺腑，他准备多捐一些钱。

过了 10 分钟，牧师还没有讲完，马克·吐温有点不耐烦了，改变了原来的主意，决定只捐一点零钱。

又过了 10 分钟，牧师还是没有讲完，他更不耐烦了，于是他决定 1 分钱也不捐了。

好不容易等到牧师结束了自己的演讲，开始向听众募捐了，马克·吐温不仅心中不快，甚至有些气愤了。

这就是心理学上的超时效应：如果外来的刺激过多、过强或持续时间过长，就会使人感觉不耐烦，甚至产生逆反心理。

超时效应的机制如下：

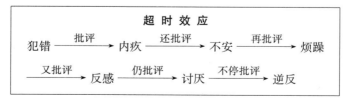

超时效应

在教育孩子上，超时效应可以用以下的大白话表达：

- 说话三遍淡如水，说话啰唆、重复，无异于喝白开水。

- 恰到好处，才能避免物极必反。

- 父母的唠叨可能会有害孩子的发展。

- 爱孩子，就要给孩子留一些空间。

- 少说多做，以身作则。

- ……

南风法则

　　法国作家拉封丹写过一则寓言，说的是北风和南风比试谁的威力更大，即看谁最终能让行人把自己的大衣脱掉。

　　北风不假思索地刮起了一阵冷风，寒风凛凛，砭人肌骨，行人为了抵御北风，便把大衣裹得严严实实，毫无脱去衣服的意思。

　　南风则不然，它徐徐地吹动行人的衣服，使人心生暖意，不知不觉中便解开了衣服的纽扣，继而脱掉了身上的大衣。

　　南风获得了胜利。

　　这就是心理学上的南风法则：在人际交往中，温和的沟通、相处方式可以让人觉得轻松舒适，易产生较为良好的正面效应。

　　在教育孩子上，南风法则可以用以下的大白话表达：

- 以孩子为本，多点人情味。

- 良言一句三冬暖，恶语伤人夏日寒。

- 宽容的力量强于惩戒。

- 一味批评孩子，孩子会越来越不听话。

- ……

一天，教育家陶行知在校园里看到一个名叫王友的学生用泥块砸自己班上的同学，当即就让他放学后到校长室去。

放学后，王友站在校长室里准备挨训，陶行知却从口袋里掏出一块糖果给他，并和气地对他说："这是奖给你的，因为你按时到这里，我却迟到了。"

王友惊疑地接过糖果。随后，陶行知掏出第二块糖果送给他，并说："这也是奖给你的，因为当我让你不再砸人时，你立即住手了，说明你尊重我，应该奖给你。"

王友更惊疑了，眼睛睁得大大的。接着，陶行知又掏出第三块糖果塞到王友手里："我调查过了，你用泥块砸那些男生，是因为他们不守游戏规则，欺负女生，你砸他们，说明你正直善良，且有跟坏人作斗争的勇气，应该奖励你啊！"

王友感动极了，流着泪后悔地说："陶……陶校长，你……打我两下吧！我错了，我砸的不是坏人，而是自己的同学呀！……"

陶行知满意地笑了，随即掏出第四块糖果递过去，并说："为你正确地认识错误，我再奖你一块糖果，可惜只有这一块糖了。我的糖分完了，我们的谈话也该结束了吧！"说完，陶行知就走出了校长室。

陶行知对王友吹的是"南风"，让王友口服心服。

语言暴力会毁掉孩子

当今社会，父母对孩子施以肢体上的暴力行为已经比较少见了，但是对孩子施以语言暴力却并不少见。对孩子施行语言暴力，指的是使用责怪、谴责、叱骂、呵斥等语言对待孩子。可以说，父母对孩子施行暴力，多少会在孩子身体上留下看得见的伤痕，而对孩子施行语言暴力所造成的伤害则是无形的、隐藏着的，会持续很长一段时间，甚至会留下一辈子的心理创伤。

语言暴力之所以在家庭生活中容易发生，可能是因为该家庭中父母与孩子之间的关系不平等，孩子没有自卫的力量，有时还可能被父母误认为是一种督促、教育孩子的方式，只不过严厉了一点而已。

在童年时代，经历过语言暴力的孩子极易发生性格扭曲、脾气暴躁、短期的记忆力相对较差的情况。长期对孩子施行语言暴力，还可能会将孩子推向犯罪边缘。

语言暴力是幼儿教育中的大忌，因为它会毁掉一个孩子。

对孩子过分唠叨，老吹"北风"，离语言暴力并不遥远。

如若记住了超时效应和南风法则，那么作为父母，即使心中有按捺不住的"火"，也不会发泄在孩子身上。

普雷马克效应与德西定律

普雷马克效应

普雷马克曾做了一个实验：

他让孩子们从两件事情中任选一项：玩弹球游戏机或吃糖，有的孩子选择了前者，有的孩子选择了后者。他发现对于喜欢吃糖的孩子，如果把糖作为强化物，便可增加他们玩弹球游戏机的频率；相对更喜欢玩弹球游戏机的孩子，如果把玩弹球游戏机作为强化物，则可增加他们吃糖的数量。普雷马克效应常被家长用于帮助孩子克服某些缺点。由于这个效应常被祖母用于孙辈身上，因此又被人称作祖母原则。例如，祖母会对喜爱吃甜点而不爱吃蔬菜的孙子说："先吃了蔬菜，然后你就可以吃甜点了。"

说得更直截了当一点，在家庭教育中，这一原则多可用于帮助孩子去做那些他们不乐意做的事情。

这就是心理学上的普雷马克效应：要想做 A，先要完成 B。换言之，用孩子喜欢干的事情（B）作为一种强化手段去刺激孩子，先让孩子做一些不太喜欢做的事情（A），然后就能让孩子做自己喜欢的事情（B）了。

在教育孩子上，普雷马克效应常常被人运用于以下方面：

- 打扫完自己的房间后才可以出去踢球。
- 首先洗好自己的袜子，然后可以看动画片。
- 必须做到早睡早起，周末才可以去游乐场玩。

• 不将饭桌收拾干净，不准吃饭。

• ……

在教育孩子上，普雷马克效应可以用以下的大白话表达：

• 有些事情必须要做，不管孩子喜欢不喜欢，愿意不愿意。
• 强迫孩子去做他不愿意做的事情很难。
• 如若将孩子愿意做的事情作为"诱饵"，让孩子做他不愿意做的
事情就可能容易得多。
• 祖母原则用得太多，可能产生反面效果。

• ……

普雷马克效应是不能颠倒着运用的，也就是说，如果颠倒了顺序，那么要求孩子去完成他不喜欢的事情就会十分困难。

例如，妈妈对儿子说："如果你能够保证今天晚上把听过的《司马光砸缸》的故事讲出来，那么你现在就可以到外面去玩。"如果儿子对这个故事还不理解，而妈妈又允许他到外面去玩，那么他就没有了动力。孩子所面临的一边是难讲的故事，一边是诱人的自由玩耍，那么孩子也许会将妈妈布置的任务抛之脑后，反正到了时间再说。

德西定律

心理学家德西曾讲述过这样一个故事：

有个老人在家休养，他的附近住着一群顽皮的孩子，天天追逐打闹，叫声连天，让老人无法休息，说服、警告或恐吓都不能阻止他们。于是，这个老人给了每个孩子10美分，对他们说："你们让这儿变得很热闹，我觉得我自己年轻了不少，这点钱表示谢意。"孩子们很高兴，

第二天又来了，一如既往地嬉闹。老人又出来了，给每个孩子 5 美分，孩子们虽然不很满意，但是仍然高兴地走了。第三天，这个老人只给了每个孩子 2 美分，孩子们开始不满意了，他们嘀咕着："一天才 2 美分，知不知道我们多辛苦！"他们对老人说，再也不会为 2 美分与他玩了。从此以后，孩子们的吵闹声不再有了。

在这个故事中，老人采用的方法十分简单，他将孩子们的内部动机"为自己快乐而玩"变成了外部动机"为得到美分而玩"，而他操纵了美分这个外部强化机制，也就操纵了孩子们的行为。

德西定律在生活中时有显现。比如，父母经常会对孩子说："如果你得到老师的表扬，就奖励你一颗糖。""要是你今天在家里能不吵不闹，就奖励你一个新玩具。"也许正是这类不当的奖励，将孩子的学习兴趣一点点地削弱了，父母会发现，孩子对奖励的要求越来越高，最终奖励完全失效。

这就是心理学上的德西定律：适度的奖励有利于激发人的内在动机，而过多的奖励则反而可能降低人的内在动机。

在教育孩子上，德西定律可以用以下的大白话表达：

- 成也奖励，败也奖励。
- 适时、适度的奖励很难。
- 教育的艺术之一就是适当地运用奖励的方法。
- 奖励不当，适得其反。
- ······

"奖励"，两个不同维度的诠释

普雷马克效应与德西定律从两个不同的维度讲述了"奖励"。

奖励，是一种常用的激励手段，旨在激发和保持人的行为动机。

在教育孩子中，父母会经常采用奖励的手段去激励孩子朝着他们期望的目标成长，巩固已经取得的成绩，同时获得自我满足。

奖励，是一种强化，有正负之分。正强化是通过呈现愉快刺激来增加良好行为发生的频率；负强化是指通过撤销厌恶刺激来增加良好行为发生的频率。

奖励，是一种强化，有适度与不适度之分。适度强化有利于激发人的内在行为动机，增加期望行为的发生频率；不适度强化，反而可能降低人的内在动机，减少期望行为的发生频率。

奖励，只是一种强化的手段，用得好，会产生正面效应，用得不好，就会产生负面效应。所谓的"好"与"不好"，在于运用的人，而不是运用的是什么手段。

普雷马克效应与德西定律看似互不相干，却能相辅相成。将这两个效应和定律放置一起学习，对于在教育中如何运用奖励的手段去产生期望的效应，会有比较全面的认识。

成长的烦恼

引 言

在孩子的成长过程中，可能会出现一些不尽如人意，甚至让父母感到十分棘手或烦恼的问题。要认清这些问题的性质、发生的原因以及预防、矫治的方法，及时采取必要的措施。

孩子成长中的情绪和行为问题

孩子在成长中可能会产生一些情绪、行为问题和障碍，大多会随着年龄的增长而自然消失，或经由矫治即可得以纠正，但也不可等闲视之。

孩子的"离谱"行为

孩子所有的"离谱"行为，其发生的原因大多是孩子在运用不正常的方式疏泄自己的心理紧张，以达成心理上的暂时平衡，要及时给予干预、矫治。

预防孩子染上网瘾

网瘾让人堕落的程度不亚于毒品，要及早防止网络游戏主宰孩子的生活，使孩子沦为网络游戏的傀儡。

减缓和消除紧张

减轻外部环境的压力、减轻孩子自身内部的压力以及增强孩子自身的心理强度，这是减缓和消除孩子心理紧张的三个方面。

疏导情绪，引导行为

成长中的孩子会受到各种负面情绪的困扰，也须面对挫折和失败，要帮助孩子学习做内心强大的自己。

溺爱的代价

溺爱不是真爱，而是一种伤害。溺爱的起点是爱，落脚点却是恨。

没有惩戒，规矩形同虚设

没有惩戒的教育是不完整的教育，惩戒能使孩子在犯错误时及时"悬崖勒马"，有效避免更为严重的后果。

—·— 孩子成长中的情绪和行为问题 —·—

孩子的情绪障碍

恐惧，是人的本能，每个人都有自己的恐惧，孩子也有自己的恐惧。不同年龄的孩子，害怕的东西不一样。例如，2 岁前的孩子常常害怕陌生人、打针、丑陋的人、小动物等；3—4 岁的孩子往往害怕黑暗、刮风、雷鸣、下雨等；5—7 岁的孩子担心找不到妈妈、害怕妖魔鬼怪，这些都是孩子发展过程中会出现的问题，一般而言很正常。

与同龄孩子相比，有少数的孩子害怕某些东西的程度特别强烈，甚至在一定程度上影响了其正常生活，就会产生情绪障碍，例如：

- 家里来了客人，一个人躲在里屋，就是不肯出来见客人。
- 到医院打针，不管如何劝阻，仍然大哭大闹，就是不肯打。
- 在幼儿园里，老师要求发言时不敢说话，吓得哭了起来。
- 一个人在房间里睡觉，盯着屋顶或墙上的裂痕看，觉得好像都是妖怪，并因此不敢入睡。
- 因为害怕找不到妈妈，跟妈妈一起去公园时，小手拽着妈妈的手，不敢放开。
- ……

孩子的过度恐惧可归入孩子的情绪障碍中。其他的情绪障碍还有过度焦虑、暴怒发作等。

严格区分孩子的正常情绪表现和情绪障碍是困难的，这些问题的产生除了生物学因素外，还涉及孩子情绪生活的方式和内容、人际关系方面的各种矛盾和纠葛，以及孩子所处的社会背景等多个方面。

情绪障碍在男女童身上的发生率相近。随着孩子年龄的增长，大部分孩子的情绪障碍会自动消失，只有少部分孩子的情绪障碍会影响其成年后的生活。

孩子的品行障碍

> 小明的妈妈发现小明越来越不让她省心了，经常动手去打别人，有时会将同伴搭建的积木推倒，有时还会用他的小自行车去猛撞别人小车的后座。他的同伴和家长不断向小明的妈妈"告状"，小明的妈妈多次"教训"过小明，但是就是不见效果。

孩子的这类攻击性行为是幼儿期最为常见的一种品行障碍，到了上小学以后会日渐减少。这类攻击性行为表现为当孩子遭受挫折时会显得焦躁不安，采取打人、咬人、抓人、踢人、冲撞他人、夺取他人的东西、扔东西以及其他类似的方式，引起别人与其对立和争斗。幼儿的攻击性行为多见于男孩，攻击有时针对的是同伴，更多针对的是自己的父母。

在 2 岁时，孩子进入了自我意识敏感期，逐渐开始与亲人短暂分离和认识自我，也因此进入了"打人敏感期"，会表现得特别自我，其行为都是通过自己的想法、情感驱使的。这叫作"无意识打人"，父母不必多加关注。

过了这个时期，孩子若还是经常表现出这样的行为：动辄侵犯他人身体，踢、打、抓、咬人；撕、扔、踩东西，毁坏物品；通过讥笑、讽刺、谩骂等言语攻击他人，给别人带来伤害的结果，给自己带来一种满足的感觉和体验，那就叫作"有意识攻击性行为"。

孩子的攻击性行为可归为孩子的品行障碍。孩子的其他品行障碍还有偷窃、说谎、残害小动物、破坏公物等。

品行障碍的诱发因素是多方面的，与生物学因素、精神创伤、社会道德标准和风气，特别是与家庭教育有密切的关系。在一般情况下，随着孩子年龄的增长，品行障碍会自动消失，但也有部分孩子会表现出持续性的心理障碍，如若任其存在或继续发展，不加纠正，则可导致社会适应等方面的困难持续存在。

孩子成长中特有的情绪和行为问题

在幼儿期，各种生理的、病理的因素以及社会环境、教养方式和精神创伤等方面的不良影响都可能干扰和阻碍孩子心理的正常发展，导致他们的情绪和行为问题。

应该看到，这是孩子在成长过程中所特有的问题和障碍，会给父母带来烦恼。这些问题和障碍通常只是表现为情绪或行为方面的某种或少数几种偏离常态，而不是一大堆的症状。这些问题和障碍在孩子发展的一定阶段出现，可以看作是正常现象，只有当它们表现得过分突出，或者在不适宜出现的发展阶段出现时，才被认为是问题和障碍。

在孩子的成长过程中，孩子常见的问题包括吮吸手指或拔头发、咬指甲或磨牙、挖鼻孔、口吃、遗尿、动作笨拙、情绪易变、过分哭闹、离不开母亲、不愿去托育园或幼儿园、暴怒、任性、在家待不住、大声叫喊、攻击性行为、破坏性行为、说谎、过分依赖、不爱与同伴玩、退缩和屈从、做白日梦、屏气发作等。

由于这些问题和障碍有很大的易变性与被动性，大多会随着他们年龄的增长而自然消失，有的经过矫治即可得以纠正。

但是，对孩子的情绪和行为问题也不可等闲视之，因为这些问题和障碍会使孩子在其社会化过程中遭受挫折，特别是有些孩子的行为偏异程度较为严重，持续的时间也较长，若不及早加以矫治，会严重地影响其正常生活和活动，阻碍其身心健康发展，并由此导致其心理障碍和社会适应不良，还会对家庭、集体和社会产生不良的影响。

孩子的"离谱"行为

断腿的鸽子和断腿的父亲

苏联作家尤里·邦达列夫的散文集《瞬间》中有一篇题为《绝望》的短文：

我的一位朋友是工程师，他亲眼看见过这样一个触目惊心的场景：有个男孩在院子的仓库后面捉到一只鸽子，就用剪刀剪断了它的爪子。鸽子在地上使劲扑腾着，想飞向天空。它拼命地用头撞地，同时扇动翅膀，扭动躯体，却都无济于事，马路上留下一行小血点和一片灰蓝色的羽毛。

男孩在一旁观察鸽子，他紧皱双眉，不动声色，聚精会神地看着，仿佛在做一个重大的试验。工程师跑过去，一把夺过他手中的剪刀，带着不解和愠怒的神情问道：

"你这是干什么？为什么把鸽子弄成这样？"

男孩神色惊慌地低声答道："它没有脚飞不起来。"

"你的父母在哪里？你的家住在什么地方？快带我去！"

他使劲地抓住男孩的肩膀，那孩子弯着腰，苍白的嘴唇在颤动，噙着泪水，把工程师领到自己家里。家中只有孩子爸爸一人。

他体态臃肿，胡子拉碴，身穿一件破旧的睡衣，摇摇晃晃地从厨房的餐桌旁站了起来，假腿发出吱吱的响声。他听工程师说完，就用拳头敲了一下桌子。

"你干什么到这儿来？"他绝望地喊着，那模样就像一个掉进了无底深渊的醉鬼，"我的儿子是把你的双腿砍断了吗？"

看完了这篇短文，就不难回答以下这些问题了：

- 那个小男孩为什么要把鸽子的爪子剪断？
- 小男孩把鸽子的爪子剪断跟他父亲的断腿之间有何关系？
- 工程师为何要去寻找这个孩子的父母？
- 小男孩的父亲对前来"告状"的工程师的态度说明了什么？
- ……

虐待小动物常是孩子的一种发泄行为

爱怜小动物，保护小动物，这常常是孩子的正常行为。相反，虐待小动物，除了有些孩子纯属无知和好奇外，多属偏离正常的行为，特别是经常有意地对小动物施暴，更要引起父母的关注。对于孩子的这类行为，不可等闲视之，或掉以轻心。

在尤里·邦达列夫的短文中，虽然没有挑明他笔下的那个孩子为什么会用剪刀去剪断鸽子的爪子，但是，在他对其父亲言行的一番描述中，原因就不言自明了。很显然，这是一个缺乏母爱的单亲家庭，那个行为粗鲁、醉鬼似的父亲非但不会用父爱对孩子加以补偿，而且一定还是个以打骂孩子为"家常便饭"，以达到自己心理平衡的"虐待狂"。平时那个可怜的孩子只能忍气吞声，逆来顺受，但是，长期以来积压在心里的无奈、不满和抑郁是需要通过一定途径得到疏泄的。小男孩用剪刀将鸽子的腿剪断，眼看着那只断了腿的鸽子在地上挣扎的可怜模样，仿佛看到了自己那个断了腿的父亲。他通过"断了腿的鸽子"作为"象征物"，比喻自己的父亲，将长期压抑在心里的郁闷得到了发泄。应该看到，小男孩的这种行为是在无意识的情况下自然发生的。前去"告状"的工程师看到了这个孩子的父亲，自然也就明白了眼前所发生一切的缘由了。

不要给予孩子心理重压

尤里·邦达列夫笔下描述的小男孩虐待小动物的事例比较极端，不太多见，但是有些事例则在孩子中并不罕见，例如故意损坏身边的东西、破口骂人、打人咬人、对父母蛮横无理等，这些都是离谱的行为。孩子所有的这些行为，其发生的原因是相似的，那就是他们在运用不正常的方式疏泄自己的心理紧张，以达到心理上暂时的平衡。

孩子的这类行为，常会使家长恼羞成怒，可能会不由分说地给孩子以惩罚，从而进一步增加孩子的心理压力。这样的恶性循环，非但解决不了问题，长此以往，还会养成孩子自卑、多疑、叛逆等不良性格，使孩子以后很难与他人友好相处。

对于孩子损坏东西、骂人、打人、对他人蛮横无理等行为，不要等闲视之，而要及早纠正，不让其有继续发生、发展的余地。可以选择并用于纠正孩子这类行为问题的措施大致如下：

- 创设宽松、理解的家庭生活环境，避免孩子生活在紧张的家庭人际关系之中。
- 孩子犯错，只要不是不可饶恕的错误，不要给予孩子太大、太多的压力，以说服为主。
- 孩子偶尔犯了大错，必须及时给予教训，甚至给予处罚，使其不敢再犯。但是，这样的教训或处罚只能偶然为之。
- 以协商的态度，给予孩子充分表达自己想法和意见的机会。
- 给予孩子适当疏泄自己不良情绪的机会，例如，在有些场合或情景下允许孩子大声哭喊，事后再与他讲道理。
- 多让孩子参加体育活动，甚至是强度较大的体育活动。
- 在不完全家庭（单亲家庭、父母双缺家庭等）中，抚养人要尽心尽力给予孩子亲情上的补偿。
- ……

一旦发现孩子出现了类似尤里·邦达列夫描述的小男孩那类更为离谱的行为，恐怕就需要给予一定的心理干预了，最为重要的事情就是要与这样的父亲相对"隔离"，减少孩子受到进一步伤害的可能性。

预防孩子染上网瘾

网瘾让孩子堕落

常能听到、看到一些做家长的人近乎绝望的求援声：

> • 孩子特别不听话，没日没夜地玩手机，我们各种办法都试过了，没用。他还是躲在房间玩手机、打游戏，不高兴时还跟你对着干。
>
> • 孩子几个月都在家不去上学了，每天拿着手机，日夜颠倒，精神恍惚，也不出门，不与人交往，我们跟他都说不上话，真让我们担心。
>
> • 打也打了，骂也骂了，就是不起作用。你不知道面对孩子只知道玩游戏，而自己却一点办法也没有的时候，会是多么绝望呀，感到整个生活都没有了意义！
>
> • ……

发出这类求援声的人几乎都是中小学生的家长，他们的无奈、痛心都是因为孩子平日玩手机，特别是玩网络游戏上了瘾。一个人一旦喜爱某种事物到了极端，成为了癖好，甚至呈现出病态，就叫作上瘾。孩子对玩网络游戏上瘾，就如同染上了"毒瘾"，也会出现类似的"症状"，难以戒除和根治。

在我国，"网络游戏成瘾症"已不少见，给中小学生带来的负面影响在不断扩大，对青少年的危害如同雾霾一般弥漫。为了追求炫目的刺激，沉迷于虚拟幻象之中而割舍不下，那些染上了网瘾的中小学生无端地消耗着自己的体力、心力，沉醉在自己的游戏世界中无法自拔，玩物丧志，别无他念，甚至还会走上犯罪的道路。从某种角度来讲，网瘾让人堕落的程度不亚于毒品。

在幼儿期，孩子还不至于出现明显的上述情况，但是如若不加注意，不进行早期预防，就有可能在不久以后出现类似的状况，到时就晚了。

规避网络给孩子带来的弊端

如今，网络已经成为了人们日常生活中的一个不可缺少的部分，人们几乎每天都要上网，通过网络学习、工作、社交、购物、游戏、娱乐，这一切都极大地丰富和方便了人们的日常生活。高科技改变了使用者的生活方式。

智能手机一类的产品是连接人与网络的桥梁，因为有了它们，人与世界的距离缩短了，人的生活、工作效率变高了。智能手机一类的产品替代了电话机、照相机、电视机、收音机、视频制作与放映机、报纸杂志、日历、手表、银行卡等，特别是人类正在进入"物联网"时代，智能手机一类的产品还会替代更多的东西，它们与人之间的关系会更加紧密。人们都深切地感受到在当今一旦丢失了手机，就如同人丢失了"魂"一般。

任何事物都有其两面性，智能手机和网络同样如此。

智能手机和网络是双刃剑，它们有好的一面，也有坏的一面，问题并不在于智能手机和网络，而是在于使用它们的人是谁，用它们干什么以及是如何使用它们的。

在医学上，某些药品在严格管理下作药用，可使人康复。但若滥用为毒品，是为我们所深恶痛绝的，将给个人、家庭都带来灾难。

在当今的网络时代，人们是不可能因噎废食的，不会因为网络游戏带来的危害而废除科学技术给人类带来的全新生活。解决问题的方式就是如何充分发挥网络给人带来的利处，规避网络给人带来的弊端，不让网络游戏主宰孩子的生活，使孩子变成网络游戏的傀儡。就这一点而言，社会有责任限制网络游戏对孩子心灵的侵蚀，家长也有责任及早进行预防。

规范孩子的上网行为

当今，一个孩子从出生的那一刻起，就已经被"浸润"在"信息的海洋"

之中了，并与其双向互动，难分难解。他们的生活方式以网络传播为主线，他们的学习方式以网络方式为主导，机器人全面地参与他们教育的全过程，无论是间接的参与，还是直接的参与，都起着巨大的影响作用。

当今的孩子是互联网、物联网时代的"原住民"，这意味着"物联网＋幼儿学习"创造了一个全新的"移动学习模式"，这是孩子学习行为方式的质性转变。具体地说，那就是通过互联网、物联网，孩子学习的资源被无限地扩大，孩子学习的形式被根本性地改变，孩子学习的主观能动性被极大地强化。

生活在网络时代的孩子，应被看成是比以往任何年代的孩子更充满能力的人，他们对周遭世界拥有积极参与的欲望，并主动地学习与成长；对于网络时代的孩子，应让他们更早开始有意义的学习，以应对未来的机遇与挑战，特别是要为培养他们解决复杂问题的能力打好基础。

一个即使才两三岁的孩子，一旦接触了智能手机等一类的网络终端，不用父母指点，就会开始尝试用手去拨动屏幕，就会与网络互动。孩子的所作所为，由强烈的好奇心驱动，也是智能手机和网络的易接近、易操作性使然。

为了孩子既能获得由网络带来的红利，又能有效地控制自己，不至于陷入网络游戏带来的祸害中，从孩子接触网络的第一天开始，就一定要做到以下几点：

- 控制孩子接触智能手机等终端的时间，绝对不可超过规定的时间。
- 为孩子选择适合其年龄的内容。
- 不允许孩子接触不健康的网络内容。
- 将以上几点作为规矩，帮助孩子养成习惯。
- ……

减缓和消除紧张

紧张是影响孩子身心健康的原因

紧张，已成为当今世界人们所面临的最为严重的问题之一。据估计，人类身上大约90％左右的疾病都与生活紧张存在关联。紧张，特别是过度的、持续的紧张，对于成长中的幼儿的身心会产生有害的影响。

紧张，是人在身心两个方面对外部刺激引发的反应出现了不一般的增强。紧张的程度常与外部生活事件变化的种类和程度有关联。

20世纪70年代，研究者科亭顿曾发表了儿童青少年适用的"科亭顿生活事件记录表"，用以定量地测定青少年的生活紧张状态。在这个记录表中，科亭顿为幼儿列出了30个事件，并根据社会调查资料给不同的生活事件以不同的分数，例如父母死亡为89分、父母离异为78分、父母分居为74分、父母被判一年或一年以上监禁为67分、父母离异后再婚为62分、父母住院为59分、兄弟姐妹的死亡为59分、父母住院（严重疾病）为51分、兄弟姐妹的出生或过继为50分、父母之间的争吵为44分、孩子自己的密友死亡为38分、父母经济状况发生变化为21分等。该记录表可计算出一年之内孩子生活变化事件分数的总和，分数越高，就表明该孩子越处于紧张状态之中，其身心受损伤的可能性就越大。从这个记录表可以看出，孩子的紧张主要来自家庭，特别是来自父母。

紧张能扰乱孩子机体的平衡状态，可能导致各种躯体疾病，特别是与植物神经调节的内脏器官有关的疾病。有研究发现，与紧张有关联的常见疾病有支气管哮喘、便秘、腹泻、消化性溃疡、肥胖症等。

紧张也影响着孩子的心理适应，可能会使孩子的人际关系、社会行为及生活能力出现障碍，特别是当孩子经历了突发的紧张生活事件，诸如家庭成员死亡或者患有严重疾病、父母分居或者离异、父亲或者母亲重新婚配、家庭经济状况不佳等事件，更有可能引发孩子的情绪失调和行为障碍。

家庭人际关系的紧张，其危害程度不可小觑

如果说，突发的紧张生活事件会引发孩子的紧张，那么孩子的社会关系也会造成孩子的紧张，所不同的是，后者是持续的、慢性的、不知不觉的，其危害程度也不可小觑。

与社会其他人群一样，孩子也是生活在复杂的社会关系网中的，特别是在孩子赖以生存、生活的家庭关系网中，孩子对于家庭成员，特别是家庭中的成人，具有很强的依赖性。

在一个核心家庭中，存在三种关系：父子关系、母子关系、夫妻关系；在一个三代同堂的家庭中，则存在 10 种左右的关系：除了父子关系、母子关系、夫妻关系外，还有祖父与父亲的关系、祖父与母亲的关系、祖母与父亲的关系、祖母与母亲的关系、祖父与孙辈的关系、祖母与孙辈的关系、祖父与祖母的关系；如若再加上外祖父、外祖母，或者再增加一个孩子，那么关系就又会增加很多。

关系看不见、摸不着，却实实在在存在，并起着重要作用。如果家庭中各种关系不融洽、不协调、不密切，甚至很紧张，最受影响的是孩子。例如，如果孩子对家长的要求无所适从，在家庭生活中得不到应该有的爱抚、尊重、关心和承认，甚至经常受到冷落或惩罚，就会使孩子的安全感受到威胁，给心理上造成压力。

家庭中的每一个成员，其人格特征在其与孩子的人际关系中都起到了至关重要的作用。家长如若脾气粗暴，情绪反复无常，偏执和偏爱，对孩子不友善、不亲热、不公正，无同情心和爱心，则可造成家庭生活的关系紧张。

减缓和消除孩子的紧张

减缓和消除孩子的紧张，可从三个方面入手：（1）减轻外界环境的压力；（2）减轻孩子自身的压力；（3）增强孩子自身的心理强度。

　　外界环境的压力主要有不良环境的压力、人际关系的压力、强加在孩子身上的学业对孩子造成的压力等。例如，不适当的温度、湿度、照明、空间、噪音等不良物理环境会使孩子的兴奋和抑制过程平衡失调，脑血管张力功能和植物神经功能紊乱。改变这类不良的环境，能减轻外界环境对孩子的压力。又如，要求幼儿学习与其年龄不相适合的学业内容，也会增加孩子的外部压力，不仅没有必要，而且有时会有伤害。

　　孩子自身的压力主要源于孩子自身的需求得不到满足，行为的动机受到了挫伤，而且受到挫伤的时间越长，强度越大，所受到的内部压力就越大。

　　增强孩子自身的心理强度，提升孩子对外界环境的压力和对内部压力的认识、评价、容忍力以及解决问题的能力，能最为有效地减缓和消除孩子的紧张。孩子自身的心理强度的增强，是个缓慢的过程，是在较为长久地经受了内外部压力以后逐渐形成的，成人有责任帮助孩子增强自身的心理强度。

疏导情绪，引导行为

《小兔跳伞》

孩子常会过分担心甚至惧怕一些自己没有经历过的事情。经常与孩子一起读读《小兔跳伞》一类的绘本，有益于孩子克服惧怕心理。

黑熊大个子驾驶着直升飞机，他要送小兔去空中跳伞。

小兔全副武装，背上背着个降落伞，一副很勇敢的样子。

直升机越飞越高，小兔准备往下跳了。

小兔用发抖的声音说："黑熊大哥，我不想跳了。要是降落伞挂在树上，我不就完了？"

"不会。"黑熊大个子说，"挂在树上没关系，你身上有和降落伞自动脱钩的装置，如果树不高，你可以从树上直接往下跳；如果树很高，你可以拽住树枝，沿着树干慢慢往下爬……"

"黑熊大哥，我还是不想跳。要是降落伞落进湖里怎么办？我不会游泳！"

"不用怕，你身上有救生装置，只要你一按按钮，救生圈就会自动充气，它会帮你游上岸的……"

"我还是害怕，要是跳下去碰到大灰狼怎么办？"

"不用怕，你身上不是有小电棍吗？你只要用电棍碰一下扑上来的大灰狼，大灰狼就会被击昏！"

"我还是怕……"

"不用怕，我知道你想做只勇敢的兔子。"黑熊大个子说，"往下跳，你就能成为一只勇敢的兔子了！"

小兔子闭着眼睛往下一跳，耳边响起呼呼的风声，不一会儿，背上的降落伞打开了，飘啊飘啊，小兔的降落伞慢慢地降落在一片草原上。

小兔坐在草地上说："真没劲，我没有被挂在树上，也没掉进湖里……"

正在这时，从草丛里蹿出来一只大灰狼。

大灰狼狂叫着："啊，送上嘴的美味！"

小兔一挥电棍，大灰狼就被击昏了过去。小兔高兴极了，他跳起来说："我成了一名勇敢的跳伞手，一只了不起的兔子！"

小兔跳伞，面临从未遇到过的挑战，自然产生害怕。黑熊不仅鼓励小兔要勇敢，而且告诉它面对挑战的方法，让小兔成为了勇敢、自信的跳伞手。

（选自张秋生《小兔跳伞》）

这个故事告诉孩子，小兔跳伞，面临从未遇到过的挑战，自然会害怕，黑熊不仅鼓励小兔要勇敢，而且告诉它面对挑战的方法，让小兔成为了勇敢、自信的跳伞手。

《小兔跳伞》这类绘本用故事的形式鼓励孩子成为敢于挑战、善于挑战的人，克服害怕的心理。这是一件很快乐的事情，但是一定要把握克服困难的办法。

《踩着长鼻子的象》

在生活中，孩子常会产生一些负面情绪。经常与孩子一起读读《踩着长鼻子的象》一类的绘本，有益于疏导孩子的不良情绪。

在这个绘本故事（故事内容可见本书第 219 页至第 220 页）中，大象郁郁陷入了消极、低沉的情绪之中，难过、伤心、烦躁困扰着他，觉得朋友也都疏远了自己，连路上的椰子、枯树枝都与自己作对。而朋友们的帮助最终使大象郁郁走出了困境。

《踩着长鼻子的象》这类绘本用故事的形式让孩子体验到很多的不良情绪都是由自己造成的，对父母而言，可提供能有效帮助孩子走出情绪困境的办法。

孩子心理强度的提升

成长中的孩子会受到各种负面情绪的困扰，必然也要面对挫折和失败，如果不去及时帮助孩子逐渐提升内在的心理强度，学习做内心强大的自己，那么就难以应对外来的挑战和内在的心理压力，容易产生情绪和行为问题与障碍。

父母对孩子自身心理强度的提升是可以有所作为的：

- 给予孩子阳光、向上的生活环境，特别是给予孩子"爱"。
- 与孩子分享有益于增强孩子心理强度的故事，以正面引导为主。
- 以现实中发生的生活事件为案例，与孩子讨论解决问题的办法。
- 不要有意地给孩子设置挫败的情景，故意让孩子受挫折。
- 培养孩子直面挫折与挑战的勇气，让孩子做内心强大的自己。
- 一旦孩子产生情绪、行为问题，不要训斥，要耐心疏导。
- ……

——◆ 溺爱的代价 ◆——

爱得太满，物极必反

有个道理很简单：爱得太满，物极必反。

爱孩子，这是当父母的人必须做的事情，但是过度的爱，就会变成溺爱。

"溺"可释为"淹没"，人被水淹没，即叫作溺毙，孩子被父母过度的爱淹没，那就是溺爱。溺爱属于家长对孩子的一种失去理智的、畸形的爱。溺爱不是真正的爱，它是一种伤害。溺爱扼杀了孩子的生存能力，剥夺了孩子为自己人生负责的权利，让孩子成为长不大的人，甚至走上人生的不归路。

古今中外，不乏这样的事例。

传说一对老夫妇晚年得子，宠爱无比，含在嘴里怕化了，顶在头上怕摔了。一日，孩子在邻家玩，回来时拿了一根针交给了妈妈，妈妈不问来由，喜出望外地说："我儿真是聪明，知道把东西给妈妈。"渐渐地，孩子常常拿些小东西回家，只说是捡的，讨得妈妈的欢心。

等到孩子成年后，一次他从外面牵回来一头牛，父母竟然也不问缘由，以为是儿子靠本领买回来的。数天后，被失牛者发现了，扬言要告官府，这孩子一听着急了，动手打了人，失手将人打死了。他被人扭送到县官处，当庭判处斩。

溺爱不教，父母之过

俗话讲："生而不养，父母之罪；养而不教，父母之祸；教而不善，父母之过。"

这句话说的是，世界上有三种父母是不配生养孩子的：

其一为"生而不养"，那就是不负责任地给予孩子生命，却不关爱、养育孩子，甚至残忍地毁了孩子的一生；

其二为"养而不教"，如果说生而不养，害的是孩子的一生，养而不教则可能危害整个社会；

其三为"教而不善"，说的是父母不善于教育孩子。溺爱，属于"教而不善"中常见的一种。

等到孩子长大了，也许很多为人父母者方才明白，当初对孩子无微不至的照顾和溺爱，不但使自己的爱成为一种负累，也使孩子迟迟挺不起脊梁。在孩子还小的时候，怕他们吃苦，怕他们受罪，怕他们风吹雨淋，待孩子长大以后，却依然要为当初的害怕担负悲愁和痛苦。

等到孩子长大了，也许很多为人父母者方才明白，当初只会拿"他只是个孩子""他还小，不懂事""以后会好起来"等当作开脱缺点和错误的借口，这是错误的。当孩子还小的时候，认为有些做人的道理，等孩子长大了自然就会明白，但是待孩子长大以后，才体会到孩子会被自己的放任和纵容推入深渊。

惯子如杀子，从今天的小恶到明日的大恶只有一步之遥。

做父母的人要记住的是：溺爱的起点是爱，落脚点却是恨。

没有惩戒，规矩形同虚设

没有惩戒的教育是不完整的教育

近几十年来，人们学习了《中华人民共和国未成年人保护法》《中华人民共和国母婴保健法》《中华人民共和国义务教育法》《中华人民共和国预防未成年人犯罪法》等一系列法律，注意了对孩子身心的保护，懂得了体罚孩子是与这些法律相违背的，明白了即使是孩子的父母，也没有权利去体罚孩子。

但是，这并不是说，对孩子的错误可以全部容忍，可以不加惩罚。

苏联教育家马卡连柯说过："没有惩罚的教育是不完整的教育。"

而今，传统的"戒尺"已被废除，这只能说明我们教育孩子的理念和行为正在走向文明，而不能说明我们已经放弃了教育惩戒。没有规矩，不成方圆，立规矩须有惩戒，没有惩戒，规矩形同虚设。如若我们只是采用表扬、诱导的方式去教育孩子，只是单纯用说服、感化的方式去教育问题儿童，那只能是一厢情愿，不会达成所要的结果。换言之，没有惩戒的教育是一种虚弱的、脆弱的教育，是一种隔靴搔痒的教育，是一种不负责任的教育。

惩戒使孩子"悬崖勒马"

法国教育家卢梭在他的《忏悔录》中记录了他儿时的一件事：

小时候，卢梭家里很穷，为求生计，他到一个伯爵家去当小佣人。伯爵家里还雇佣了一个侍女，她有条漂亮的小丝带。一天，卢梭趁人不注意，拿走了这条小丝带，跑到院里玩赏了起来。有个仆人发现了卢梭拿着小丝带在玩耍，便报告了伯爵。伯爵恼火地追问卢梭小丝带是从哪里来的，卢梭生怕因此而丢失了来之不易的工作，竟撒了个谎，说小丝带是小厨娘玛丽永偷给他的。伯爵叫来了玛丽永对质，老实的玛丽永一边流泪，一边说："不是我，绝不是我！"而卢梭为了让伯爵相信，一口咬定是玛丽永，并编了整个"故事"。伯爵更加恼火了，索性同时将卢梭和玛丽永都辞退了。在两人离开伯爵家时，有位长者对他们说："你们两人中必有一个是无辜的，有一个是说谎的，说谎的人一定会受到惩罚！"

在这件事中，卢梭丢失了工作，也给心灵上带来了终生的痛苦。四十年后，他在本人的自传《忏悔录》中坦白说："这种沉重的负担一直压在我的良心上……促使我决心撰写这部忏悔录。""这种残酷的回忆，常常使我苦恼，在我苦恼得睡不着的时候，便看到这个可怜的姑娘前来谴责我的罪行……"

良心的谴责是反省的结果，是自我的惩戒，这种惩戒在卢梭身上压了四十来年，是痛苦的，是残酷的。可以设想，如若在当时，伯爵戳穿了卢梭的谎言，并给予他十分严厉的惩戒，不仅会给他的不良行为敲响警钟，而且也不会导致他在精神上承受如此巨大的痛苦，在良心上遭到如此沉重的谴责。

惩戒是金。很多人在长大以后，才会对父母、老师给予及时的惩戒表示感激之情，因为惩戒往往使孩子"悬崖勒马"，有效地避免了更为严重的后果。

惩戒要讲究方式方法

如若一个孩子犯了错，父母不及时管教，那么未来被社会"修理"时就会付出难以承受的代价。

但是，孩子毕竟还小，惩戒要讲究方式方法。

曾参和他的父亲曾点都是孔子的弟子。一天，曾参不小心弄断了瓜秧的根，曾点大怒，抄起一根大棍子劈头向曾参打去，打得他昏倒在地，不省人事。曾参醒来后不但没有埋怨父亲，反而强忍疼痛，恭敬地跪倒在曾点面前问道："刚才为儿不肖，惹父亲生气了，父亲用大力气来教训我，不知累着了没有？"孔子知道了这件事后十分生气，对弟子们说："曾参若来，关上门，不要让他进来。"孔子认为，父亲用小棒惩罚孩子，孩子应该承受；父亲用大棒猛打孩子，孩子应该逃走。现在，曾参差点被打死还不逃走，任曾点为父不义，他怎么算得上孝顺呢？曾参听到了孔子的意见，马上向孔子认了错。

从这个小故事中可以看到，孔子在表面上批评了曾参，实际上更是批评了曾点，认为执杖重打孩子是不义的行为。

从这个小故事中可以看到，孔子在惩戒孩子过错的问题上有其自己的道理。

惩戒孩子的过错，要讲究方式方法，但是没有"普遍适用"的方式方法。因此，与其说去寻找正确的方法，不如去防止出现不应该出现的方法：

- 不要去体罚孩子，特别是不可大打出手。
- 惩戒的方式、时间和强度不要超过孩子能承受的范围。
- 不以威胁的态度大声训斥孩子。
- 通过惩戒，禁止孩子的某些权利要及时恢复。
- 采用冷处理的惩戒方式，时间不要过长。
- 惩戒的次数不要过多。
- 惩戒过后，不翻旧账，不重提旧事。
- ......

引言

为人父母，是责任，是行动，也是自我修养的过程。为人父母者是无私的，无求的，是无偿地将自己的一切都给予了自己的孩子。为人父母者要讲究"科学"育儿，也要讲究"艺术"育儿，为的是让孩子健康成长。

幸福在哪里

孩子的幸福与成人不一样，但也有共同之处，那就是：幸福是追求想要得到的东西，是对得到了不易得到的东西感到十分的满足。

父母是孩子的第一任老师

家庭是孩子的第一所学校，父母是孩子的第一任老师，家庭教育关系到孩子的世界观、价值观、人生观以及道德品质的形成，关系到孩子一生的人生道路和生活品质。

是科学，还是艺术

教育有规律，"对"与"错"有标准，教育要依据教育规律，教育又不能只按规律和标准行事，要根据情景，凭借感觉和经验，不拘于条条框框。

万能的育儿妙法

无怨无求地接受，不求回报，却似春雨无声般滋润；让孩子不易觉察，却沁人心脾，终生难忘，这就是万能的育儿妙法。

爱与温暖是建立人际关系的基础

时光荏苒，生命短暂，别将时间浪费在争吵、道歉、伤心和责备上，要用时间去爱，哪怕只有一瞬间，也不要辜负。

把成长还给孩子

为孩子营造舒适安逸的"无微不至的窝",这不是爱,而是一种伤害。

给予孩子一个快乐的童年

给孩子快乐的童年,不只是给予孩子无忧无虑的童年,更重要的是要满足孩子较高层次的心理需要。

父母不同的角色

父爱如山,母爱如水,山水交相辉映才是人间最美的爱。父母在教养孩子时应有所分工,这种分工,就如同山与水的交相辉映。

为人父母的自我修养

遵守社会公德、崇尚为人父母的伦理道德和守住做父母的道德底线,这是为人父母者在道德修养中不可或缺的三个方面。

一 *幸福在哪里* 一

∴什么是幸福

每一个做父母的人，都希望自己的孩子一生能过得幸福。

那么什么是幸福呢？

有一个借动物的对话说明人生道理的故事颇为有趣，能给人思考"什么是幸福"的问题带来一些启示：

> 一只小狗问它的妈妈："妈妈，幸福在哪里？"狗妈妈告诉它："幸福就在你的尾巴上。"于是，小狗就不停地追，它要追到自己的尾巴，看看幸福到底是什么。可是，它发现自己怎么也追不到自己的尾巴，于是它便把自己的苦恼告诉了妈妈。狗妈妈说："孩子，不要刻意地去追，只要你一直往前走，幸福就会永远跟在你的身后。"

如若去体会这个故事的含义，大概就是：

- 幸福就是想要得到却没有得到的东西，因此它常是一种追求；
- 幸福是一种心理体验，它跟在人的身后，人满足了就得到了。
- 得不到的未必就是最好的，自己拥有的才是最值得珍惜的。要做到知福、惜福，人生才会福运自来，好运常开。

每一个当父母的人也曾经是个孩子。

回忆年幼时期的自己，幸福就是自己的爸爸妈妈不吵架，爸爸回家偶尔带来一些糖果分给大家吃，妈妈整天忙忙碌碌、开开心心。

自己的父母已经老了，成为了孩子的爷爷奶奶或外公外婆，他们的幸福就是三代人在一起，共享天伦之乐。但是，在他们年幼的时期，有鞋子、不破洞的衣服和裤子穿，能吃饱大米饭就是最大的幸福。

现在的孩子已经不会再因为有鞋子和衣服穿、有糖果吃而感到幸福了，他们也已经不再愿倾听长辈们讲述那过去的故事了。

不同年代的孩子，对于幸福的理解和体验都是不一样的，但是几代人的共同之处都是追求想要得到的东西，都是对得到了不易得到的东西感到十分的满足。

孩子的幸福与成人不一样

人的一生都在苦苦追求幸福。对于成人而言，幸福实在是一个永恒而深邃的话题。历经沧桑的人回首往事，幸福似乎在他一生的崎岖坎坷中融入了太多的悲欢离合。幸福时而简单，简单得仿佛唾手可得；时而复杂，复杂得百转千回，却又总在人的身边擦肩而过；幸福在一代又一代人的人生中，有着各种各样的故事和传说。

对于孩子而言，幸福没有那么复杂，甚至可以说非常简单，简单到了十分透明的状态。幸福总与平常心相随，孩子没有太多的诉求，他们是容易满足的，也许在孩子的眼里"别人有的自己也有了"，这便是幸福，这便是他们最简单、最质朴的追求。

有人问过孩子："你的幸福是什么呀？"

孩子毫不犹豫地说："是高兴呗！"

这个人再追问："还有呢？"

孩子说："又吃又玩又快乐，还有爸爸妈妈陪着我啊。"

这个孩子喜欢吃冰淇淋，但是妈妈不让他多吃，有时为了能吃到一个冰淇淋，需要熬上多天，还要看妈妈的心情。一次，他意外地从妈妈手里得到了一个冰淇淋，脱口而出地说了声："谢谢妈妈！"然后边吃边说："妈妈，我真幸福呀。"

这时，这个孩子的幸福，就是得到了平时他难以得到的东西，而且他很满足。

如果一定要将孩子的幸福是什么作一个表述，那么就是：

- 可以在周末痛快地玩。
- 拿到自己惦记着的礼物。
- 不要和亲人分离，时时刻刻有爸爸妈妈的疼爱。
- 在需要的时候，爸爸妈妈永远在那里。
- 与好朋友说说话。
- 把自己的"小秘密"藏起来。
- ……

孩子的幸福其实特别简单。

不要以成人的标准去要求孩子

成人追求的幸福与孩子所要的幸福不一样。

在成人眼里，幸福就是事业有成、爱情美满、家庭和谐、生活富裕。一旦他们的这些东西都得到了，也往往会不再满足，新的追求又来了，期待得到更多更好的东西，期盼生活富有更多的激情和色彩，人生的"喜剧"或"悲剧"都会由此而产生。

在成人眼里，期盼孩子一生过得幸福，往往以自己对幸福的看法去要求孩子，要求孩子为追求自己理想中的标准去做好准备，甚至要求孩子去达成自己梦想中要达成却没有成功的标准，这样的做法往往适得其反，会把正常的生活搞得"一地鸡毛"：

- 孩子会失去快乐、幸福的童年。

- 孩子可能会养成被动、拖沓、焦虑和自卑的性格。

- 家庭可能处于不和谐的状态。

- 父母经常沉浸于烦恼甚至痛苦之中。

- ……

有言道，"平平常常才是真"。孩子的幸福原本就是平平常常的，是自然地伴随孩子而来的，是应该让孩子充分体验和享受的。要让孩子放弃现在的幸福，去追求未来所谓的幸福，那么这样的追求反而是难以达到的。

当今的孩子，大都被爱和关怀笼罩着，得到的太多太多，他们想要追求的东西反而减少了，幸福的主观体验也就减少了许多。这对孩子的成长来说，并非一件好事。针对这样的情况，可以从以下几个方面入手加以改善：

- 要让孩子做一些家务劳动。

- 要适当地给予孩子挑战。

- 要让孩子与处境不利的同伴交朋友。

- 要让孩子多参与公益活动。

- ……

父母是孩子的第一任老师

"原稿"和"影印件"同时改

在一场报告会上，听众与演讲者有一个简单的对话：

听众："请问演讲者，我的小孩不听话、不爱学习怎么办？"

演讲者："您影印过文件吗？"

这位听演讲者："影印过。"

演讲者："如果影印件上面有错字，您是改影印件还是改原稿？"

（场内响起了一些掌声。席中有人答道："改原稿。"）

演讲者：应该原稿和影印件同时改，这才是最好的。父母是原稿，家庭是影印机，孩子是影印件。

（场内响起了雷鸣般的掌声。）

这位演讲者用一个简单的比喻，将家庭、父母和孩子之间的关系讲得十分清晰、透彻。

有个广为流传的故事，说的就是"有怎样的父母，就会有怎样的孩子，而家庭就是潜移默化教化孩子的地方"。

从前有一个老人，眼睛花了，耳朵也背了，双手还不停地抖动，每次坐在餐桌边吃饭时，由于拿不稳筷子和汤匙，常把菜掉在桌子上，还不时会有汤从嘴边流出。因为儿子和儿媳妇都嫌弃他，老人只好躲在灶台后的角落里吃饭。儿子和儿媳妇把饭盛到一个瓦盆里给他吃，每顿饭还不让他吃饱。老人很伤心，常常暗暗地掉眼泪。

一次，老人颤抖的手没有拿稳瓦盆，瓦盆掉在地上打碎了，儿媳妇训斥了他，老人不敢吭声，只是不住地叹气。后来，儿媳妇买来一个敲不碎的木碗给老人吃饭用。

有一天，儿子和儿媳妇叫他们四岁的儿子吃饭，只见儿子正在地上拾掇碎木块，他们不解地问孩子在干什么，儿子的回答是："我要做一只木碗，等我长大了，让爸爸妈妈用它吃饭。"

听到这句话，儿子和儿媳妇幡然醒悟，不由得哭了起来，他们立刻把老人请到桌边。从此之后，他们一直让老人与大家一起吃饭，再也不敢对老人不敬了。

一个四岁的孩子，还不可能从道德层面去认识、判断是非，更不可能通过自己的行为去"影响"自己的父母，他只是在"模仿"，原封不动地在复制自己父母的行为。要让孩子不去形成以后不孝顺的错误行为，应该让"原稿"和"影印件"同时改。

具有放大、变形和扭曲功能的影印机

在孩子的身上，不仅折射着父母的影子，而且父母身上存在的缺点与失误，都会在孩子身上被放大、变形和扭曲。从这个意义上讲，如若将家庭比作一台影印机，那么这台影印机不仅是具有放大功能的影印机，还会将"原稿"的错误或缺点进一步变形和扭曲。

家庭是孩子的第一所学校，父母是孩子的第一任老师，家庭教育直接关系到孩子的世界观、价值观、人生观以及道德品质的形成，关系到孩子一生的人生道路和生活品质。

是科学，还是艺术

孩子将花瓶打碎以后

这是一段教育孩子的"佳话"：

一天，一个孩子在客厅里玩篮球，一不小心，他的篮球打落了一个被家人珍藏的花瓶，瓶口摔掉了一大块。这个孩子偷偷地用胶水把碎片与花瓶黏了起来，诚惶诚恐地将花瓶放回原处。

当天晚上，母亲发现了花瓶出了些"问题"。晚餐时，她问孩子："是不是你打碎了花瓶？"孩子说："有一只野猫从窗外跳进来，我怎么也赶不走它。它在客厅里上蹿下跳的，最后碰倒了架子上的花瓶。"母亲心里很清楚，孩子在撒谎，每天上班前她都把窗户一扇扇地关上，下班回来再将它们打开。

但是，母亲却不动声色说："是我疏忽了，没有关好窗户。"

就寝前，母亲让孩子到书房里去，她从抽屉里拿出一个盒子，把其中一块巧克力递给孩子，并说道："这块巧克力奖给你，因为你运用神奇的想象力，编出了一只会开窗户的猫，以后，你一定可以写出好看的侦探小说。"

看到孩子有点尴尬，她又神态很自然地在孩子手里放了另一块巧克力："这块巧克力奖给你。因为你有杰出的修复能力，虽然用的是胶水，但是裂缝黏合得几乎完美无缺。不过，这种胶水是黏纸用的，修复花瓶不仅需要黏合力更强的胶水，而且需要高超的专业技术。明天我们把花瓶拿到专家那里，看看他们是怎样修复一件工艺品，使之完好如初的。"

看到孩子有点不安了，母亲又心平气和地拿起第三块巧克力，并说："最后一块巧克力，代表我对你深深的歉意。作为母亲，我不应该把花瓶放在容易摔落的地方，尤其是家里有一个热爱体育的男孩子。希望你没有被砸到或者吓到。"

孩子被妈妈的一系列举动震撼了，他哇地一声哭了起来，大声地说："妈妈，我……"

从这以后，这个孩子再也没有撒过一次谎。也许每当他想撒谎时，这三块妈妈给他的巧克力就会浮现在他的眼前。

看了这个故事，可以体会到这是一位睿智的母亲，她运用了看似奖励，实则却是严厉惩罚的方式应对了孩子的过错，却又保护了孩子的自尊心。整个的教育过程堪称是到位的教育艺术——步步为营，引而不发，软中有硬，刚柔兼施，旁敲侧击，循循善诱，这样的教育会让孩子一生铭记。

教育孩子，既是科学，也是艺术

教育孩子既是一门科学，也是一种艺术。

之所以讲教育孩子是科学，是因为教育有其独特的规律，规律是客观存在的，"对"与"错"是有标准的。教育要依据教育规律，弄清其内在的逻辑和脉络，要一丝不苟，要认真严肃去对待。

之所以讲教育孩子是艺术，是因为教育往往不能只按规律和标准行事，教育带有高度的主观性。教育要根据情景，凭借感觉和经验，不拘于条条框框，不生搬硬套，敢于创新，勇于突破。

苏格拉底把教育比喻成"助产士"，这一比喻充分体现了苏格拉底所主张的受教育者主体自我教育的理念。苏格拉底的自我教育是相对于外在教育而言的，他将受教育者看作是具有独立人格、自主意识和选择愿望的主体，而德育的实质是受教育者在教育者的帮助下自主进行道德选择，实现其主体性的自我发展，其方法侧重"内部引导"，而不是外在的以教育者为中心的教育。这种外在的教育把受教育者看作是无意识的被教化的对象，要求其无条件地认同、服从既定的道德规范和价值取向。

其实，教育要能做到苏格拉底所比喻的"助产士"是不容易的，需要教育者不断历练。

教育有法，教无定法

如果要用一句话概括教育孩子既是科学，又是艺术的话，那么这句话就是："教育有法，教无定法。"

判断"对"与"错"，既有标准，又没有标准，根据标准判断对错是科学，超越了标准去判断对错则是艺术。

在这个"打碎花瓶"的故事中，孩子打碎花瓶是错，说谎是更大的错；母亲遇到孩子出现了这样的事件，教训孩子是对，故意将对孩子错的批评"转换"为褒扬，看似是错，是不分是非，其实只是运用艺术的方式对孩子的内心加以引导，在与孩子的对话中让孩子自主进行道德选择和自我反省。

在这个"打碎花瓶"的故事中，孩子打碎花瓶的当天晚上，正是孩子因为犯错而心里忐忑不安的时候，母亲及时发现问题，提出问题，并智慧地解决问题，不失时机地让孩子的心灵受到极大的冲击，使孩子心服口服，使孩子在消极情绪不占主要位置的情况下接受影响终生的教育，这已经分不清她的做法是科学，还是艺术了。

万能的育儿妙法

天底下没有万能的育儿妙法

当过父母的人，大凡都会有这样的体验：父母难当。说起育儿这件事，人人都有一本难念的"经"。

在饭后茶余，年轻的父母聚在一起，津津乐道地谈论着他们可爱的小宝宝时，也难免会流露出各种各样的无奈，往往一两个孩子就会把他们搞得手足无措、焦头烂额了。他们也曾迫切地希望从书本中、从别人的口中去获得一些教育孩子的妙法，求得一些可行的经验，但是一旦付诸实践，常常会发现这些方法并不管用，甚至使用后反而适得其反。

教育孩子似乎没有万能的妙法。

对孩子的教育，就是一个"教育有法，教无定法"的两难问题。

"教育有法"指的是教育孩子有规律、有方法可循。这些规律和方法会涉及教育学、心理学、生理学、社会学、伦理学、美学、优生学、营养学等学问中的许多道理，要求做父母的人去把握这些道理，但是对大多数人来说，似乎要求过高，更何况即使学过这些专业理论的人，也未必都能教育好自己的孩子。

"教无定法"指的是教育孩子并没有固定的方法，讲的是教育需要"凭感觉"，讲在是"在不确定中寻找规律"，讲的是要"因材施教"。"一个孩子一个样，每个孩子不一样"，在这个孩子身上管用的教育方法，在那个孩子身上也许根本不管用，在第三个孩子身上，可能就是最拙劣的方法。

其实，教育自己孩子的难处还不只在于"教育有法，教无定法"，更难的地方还在于"教育的是自己的孩子"，亲子关系、夫妻关系、祖孙关系以及这些关系之间的关系会使教育被亲情缠绕，以至在教育的过程中往往情理分不清，真伪难辨别，轻重欠把握。

在《红楼梦》中，贾政经常去严厉地责问贾宝玉的读书情况，对贾宝玉的所作所为感到百般不满意，导致了贾宝玉对贾政极度惧怕和疏离。贾政对孩子的教育，既没有让孩子走上他自以为成功的科举之路，也没有享受到亲密的天伦之乐，结局以贾宝玉出家为僧告终。

"易子而教"的利弊

很久以前，我们的祖先就已经想出了一个颇具智慧的教育孩子的方法，叫作"易子而教"，它的意思是：我的孩子由你来教育，你的孩子由我来教育。

> 孟子的学生公孙丑对"易子而教"很不理解，孟子对他说："势不行也。教者必以正；以正不行，继之以怒；继之以怒，则反夷矣。'夫子教我以正，夫子未出于正也。'则是父子相夷也。父子相夷，则恶矣。古者易子而教之。父子之间不责善。责善则离，离则不祥莫大焉。"

孟子这段话的意思是：这是因为情理上有些别扭。教育别人一定要用正道，一旦不奏效，人就会发怒，一旦发怒，就伤了感情。做儿子的会说："你拿大道理来教训我，可你的所作所为却不合正理正道。"那就会使父子间互相伤感情了，这非常不好。古人互相易子而教，父子之间不求全责备，否则就会导致亲情淡泊，日益疏离，这可是天底下最不吉祥的事情了。

"易子而教"，有利也有弊，其效果也因人而异，但不失为家庭教育中一种可供选择的方法，可能有时也会是有些人不得已而为之的方法。其利处在于可以避开亲子之间存在的说不清楚、道不明的情感纠葛，还可以拓宽孩子的教育视野；其弊端是丧失了家庭教育最为重要、最为宝贵的教育资源——亲情以及亲子间的情感互动。

找到了万能的育儿妙法

如果说，天底下还有万能的育儿妙法，那一定就是父母给予孩子"爱"。只有父母才能给予这样的爱，任何人也替代不了，这样的爱，比其他一切东西都金贵。家庭教育如若没有这样的爱，就如同池塘里没有了水一样。毋庸置疑，这是"易子而教"所缺失的，所做不到的，哪怕是再高明的旁人，也都是做不到的。

父母对孩子的爱是可以战胜一切，甚至是可以压倒理智的，孩子对父母的依恋和认同了然于心，沉淀于大脑的深处。有了父母真切的爱，其实教育就已经有了基本"底线"，因为这是人所具有的德性的基础。缺少德性、心理失衡的人，大多与童年缺失父母的爱有关。

以下，是一些孩子发自肺腑的话：

- 有人爱我，有一个随时都可以回去的家，我比谁都重要。
- 生病的时候总有人陪在我的身边，让我觉得因为有了他们而不孤单、不害怕。
- 被用严厉的话训斥了，训斥过以后我没有被嫌弃，我也没有产生忌恨，我们之间反而更亲密了。
- 他们的手是有魔力的，拉着他们的手，我的心里才不慌张。
- ……

这样一句句出自孩子的心，想要表达却不一定会表达出来的话，将父母与孩子通过"爱"这座桥梁连接了起来。

无怨无求地接受，不求回报，却似春雨无声般滋润；让孩子不易觉察，却沁人心脾，使其终生难忘，这也许就是万能的育儿妙法。

爱与温暖是建立人际关系的基础

一项哈佛大学的研究

哈佛大学的学者曾做了一项为期时间很长的调查研究——格兰特研究，他们将用七十五年时间长期追踪所得出的结论告诉人们，如何才能成为人生的赢家。

1938 年，哈佛大学的阿利伯克教授提出了这项研究计划，他们将研究对象分为两组，一组是哈佛大学的 268 名本科生，另一组是波士顿的 456 名家庭贫困的小男孩。研究从这些人青少年开始，到人生终结，持续追踪观察和记录了七十多年，年复一年地询问并记录他们的工作生活和健康状况。

这七十多年来长达几十万页的访谈资料与医疗记录表明，在这段漫长的岁月里，有人结婚生子，幸福美满；有人离婚失业，患上了心理疾病；有人从社会底层起始，一路青云直上；有人掉落云端，一蹶不振；有人顺利退休，安度晚年；有人则自毁健康，早早夭亡……

2015 年，第四任负责此项目的主管、哈佛大学医学院的瓦尔丁哥教授发布了这个研究的结论：良好的人际关系能让人更加健康和快乐。人们很难认同一个曾被寄予厚望的研究，竟然会得出如此简单又普通的结论。

瓦尔丁哥教授在进一步的阐述中，说明了这个研究结论的道理：人际关系重在质量，不在数量，爱和温暖会直接影响人的应对机制。一个活在爱里的人，在面对挫折时，他可能会选择拿自己开个玩笑，或与好友一起健身运动，去宣泄心中的紧张，去接受家人的抚慰和鼓励，正是这种应对机制，会使人快速地回到健康振奋的良性循环中去。相反，一个缺乏爱的人，在遇到挫折时则会通过独自疗伤的方式去应对，酗酒、吸烟、暴饮暴食等就是常见的自我疗伤方式，这是早死的主要诱因。

瓦尔丁哥教授最后引用了马克·吐温的一段话作为了结束："时光荏苒，生命短暂，别将时间浪费在争吵、道歉、伤心和责备上，用时间去爱吧，哪怕只有一瞬间，也不要辜负。"

人际关系的优劣在童年时期就已注定

一个人未来的人际关系是否良好，在童年时期就已经注定了。

在童年早期，孩子与父母之间的关系，特别是依恋关系，是孩子一生中建立人际关系的基础。

依恋，指的是早期的孩子与其照料者，特别是父母之间存在的一种特殊的情感关系，产生于幼儿与其抚养人相互作用的过程中，是一种情感上的联结和纽带。抚养人给予孩子的爱和温暖，是产生亲子依恋的主要因素。

在第二次世界大战期间，有许多孩子成为无人照料的孤儿，英国精神分析师鲍尔比发现这些被送入孤儿院的孤儿虽然得到了看护，但仍然出现了严重的心理障碍。因此，他开始关注由于母爱被剥夺等因素导致的孤儿的心理障碍问题，并提出了依恋理论。

心理学家在进一步的研究中指出，父母与孩子之间存在四种依恋关系：(1) 安全型，人际关系融洽；(2) 回避型，害怕、拒绝与人交往；(3) 矛盾型，人际关系处于矛盾状态；(4) 混乱型，人际关系处于消耗状态。

在这四种依恋关系中，只有第一种是健康的，有益于孩子一生与人和睦相处，爱人也爱己。父母与孩子之间在早期充满了爱，充满了相互信任，建立了融洽的共生关系，这种关系让长大后的孩子开朗、自信，既懂得界限感，也会有彼此间的亲密感，以健康的方式去处理各种复杂的人际关系。

在这四种依恋关系中，后三种都会在孩子未来生活中或多或少地给其带来人际交往方面的麻烦。

回避型依恋关系大多是由于父母对孩子较为冷漠，没有给予足够的爱和温暖造成的，由于孩子从小缺少与父母之间的亲密关系，在与他人相处时就会对人充满怀疑，内心充满自卑，遇事总想逃避。

矛盾型依恋关系表现为亲子关系的不稳定，父母情绪好时对孩子很好，父母情绪糟糕时则会对孩子发脾气，甚至大打出手。这种矛盾型的依恋关系，会导致孩子在处理人际关系时难以做到表里如一，为人处世缺乏安全感。

混乱型依恋关系会使亲子之间的关系处于高度紧张的状态，父母常以粗暴，甚至辱骂的方式对待孩子。在这种依恋关系中长大的孩子，会有强烈的自卑感，不认同自己存在的价值，甚至使自己处于孤独与抑郁的状态。

在依恋关系形成的关键期，父母要怎么做

孩子在三岁以前，父母再忙，也一定要尽量陪伴在孩子身边，自己去带养孩子，错过了这个时间段，以后再怎么努力都难以补偿。

依恋关系的建立，有三个关键阶段：（1）从初生到出生后六个星期，孩子从抚养人处获得食物和安抚，从表面上看，似乎并没有熟人和陌生人之间的差别。（2）出生后六个星期到八个月，孩子对陌生人与对熟人会有不同的反应，逐渐有了分离的情绪感知，开始对熟人有了依恋。（3）出生后八个月到三岁，抚养人一旦离开，孩子会出现明显的不安情绪。

在孩子依恋关系形成的关键阶段，父母要怎么做？

（1）要给予孩子尽量多的相处时间，伴随孩子度过前三年。

要花费尽量多的时间将孩子带在身边，及时解决孩子的所需，特别是给孩子哺乳、喂食、睡眠、擦身、洗浴、穿衣等时，要给予孩子身体上的抚摸，要给予孩子眼神上的交流。

（2）要给予孩子言语的刺激，要多与孩子说话，不管他是否能听懂。

（3）要以丰富、温柔的表情与孩子交流。

（4）要鼓励孩子主动地去与环境互动，与人交往。

把成长还给孩子

有一种伤害叫"无微不至"

有这么一个小故事：

有一年秋天，一群天鹅来到天鹅湖的一个小岛上。它们从遥远的北方飞来，准备去南方过冬。

岛上住着一个老渔夫和他的妻子，他们见到这群客人，非常高兴，便拿出喂鸡的饲料和打来的小鱼精心喂养着这群天鹅。

冬天来了，这群天鹅竟然没有继续南飞。

湖面封冻，它们无法获取食物，老夫妇就敞开茅屋让它们在屋子里取暖，并给它们喂食，直到第二年春天湖面解冻。

日复一日，年复一年，每年冬天，这对老夫妇都这样奉献着他们的"爱心"。

终于有一年，老夫妇离开了小岛，天鹅也从此消失了。可它们不是飞向了南方，而是在第二年湖面封冻期间饿死了。

故事中的老夫妇，像爱自己的子女一样对天鹅百般呵护，管吃管住，而且是日复一日、年复一年地奉献着他们的爱心。

人们不禁要感叹了："多好的一对夫妇，多么幸运的天鹅！"

然而，天鹅悲惨的结局又告诉了我们，正是老夫妇这种"无微不至"的爱，使天鹅沉溺在悠闲安逸的生活中，养成了惰性，丧失了生活的本能和生存的基础，无法再适应环境，最终被变化了的环境所吞没。

在人间的现实生活中，有多少父母一辈子都在为子女营造舒适安逸的、无微不至的"窝"，他们应该想到的是，这不是爱，而是一种伤害。

孩子小时候，捧在手里怕摔了，含在嘴里怕化了，孩子要星星不敢给月亮。不让孩子干一点点家务活、吃一点点苦、受一点点累，让孩子过着"衣来伸手，饭来张口"的生活。

孩子大了，又要忙着给他们谋个旱涝保收、日不晒雨不淋的好工作，还想着要给他们留下一笔丰厚的财产，哪怕自己为此吃尽苦受尽累也心甘情愿。

这就是典型的"老夫妇"式的父母，这就是他们"博大无私的爱"。

然而，想想天鹅的结局，还能对这种"爱"肃然起敬吗？

其实，这种"无微不至的爱"，这种一味营造舒适安逸的爱，恰恰是给孩子的人生挖掘"陷阱"。

陷入此"陷阱"的孩子，除了依赖和惰性，一无所有。一旦生活中出现"湖面封冻"，他们的结局绝不会比天鹅更好。

人们固然需要爱，但是，当这种爱变异成为了一种安乐的馈赠、一种包办一切的呵护时，它就不再是爱，而成了一把能置人于死地的温柔的刀子。

天将降大任于斯人也

在森林里，被大树的树荫庇护的小树常常会生长不良，而在树荫外生长的小树才会枝繁叶茂。

在荒野中，小狐狸逐渐长大以后，老狐狸一定会"忍痛"将小狐狸从其身边赶走，因为如若它不这样做，成群的狐狸会无法寻觅到足以维持它们生存的猎物，最终全都会饿死。

大自然的生存法则是"适者生存，优胜劣汰"，任何动植物都摆脱不了这一生存法则，因此，它们必须与环境的变迁作抗争，必须学会赖以生存与发展的能力。

人类的发展史是一部与自然、社会抗争的历史。人类经由了弱肉强食的"生存本欲"阶段，已经进入了人与人"互相依存"的阶段，即依靠情感、理智等支撑社会体系的高级阶段。尽管如此，作为个体的每一个人依然要有足够的能力和毅力，才能在社会中获得较为理想的生存和发展的机会。

一个人生存和发展的能力与毅力不会凭空而来，而是需要经由"磨砺"的过程，甚至是有点"严酷的磨砺"的过程，正如："故天将降大任于是人也，必先苦其心志，劳其筋骨，饿其体肤，空乏其身，行拂乱其所为，所以动心忍性，曾益其所不能。"

"狠心"让孩子从犯错中学习

对于幼小的孩子而言，也许"磨砺"自身的有效途径之一就是让孩子从犯错中学习和成长。

做父母的人都会希望自己的孩子能正确地说话、做事，没有人会希望自己的孩子经常犯错，不少人在孩子犯错以后会狠狠地教训，甚至惩罚孩子。

是人，都会犯错，这是不可避免的。有些人犯错了，只会懊恼、自责和逃避，随后在心里留下了挫败感。而有些人则不然，在犯了错以后能及时反省，找出犯错的原因，能吸取教训，思考怎样才能避免犯错，才能取得成功。这样，坏事变成了好事，反而由犯错而获得了反省力和成就感。

成长中的孩子不可能不犯错，"堵住"孩子犯错看似是正确的，却并不可取。其实每个人都是在犯错中学习的，犯错—纠错—反省—提升，这是很好的学习途径。

老狐狸将小狐狸从身边赶走，为了生存，它顾不上小狐狸会不会犯错，只能让小狐狸在大自然中通过试错、犯错、纠错，甚至冒着生命的危险去学习生存的本领。

老夫妇对天鹅无微不至的呵护，使天鹅的日子过得过分安逸，失去了应对挑战的机会，失去了试错、犯错、纠错的机会，因此丧失了面对现实的能力。

要让孩子从试错、犯错、纠错中学习行事做人的本领。在童年期，孩子需要经历不同的错误，让他从错误中学习，留下深刻的印象，每经历一次，都是在成长。

其实，孩子从出生后就具备了从试错、犯错、纠错中学习的能力。比如，一个孩子用套环去套娃娃，用力过猛，套环会飞走，用力过轻，也套不中娃娃，许多次的纠错，使他最终能准确地套上娃娃。又如，一个孩子与他人产生了冲突，与那个人打起了架，把别人的脸划破了，自己的手也受了伤，不仅自己感到疼痛，还受到了周边所有人的批评，权衡利弊，他也许再也不想与人打架了。

当然，让孩子从犯错中学习是要有前提的，这个前提就是允许孩子所犯的错不可以是违背道德和法律的错误。

别过度保护，允许孩子犯错，那就是把成长还给孩子。

给予孩子一个快乐的童年

《小蜗牛的微笑》

有个故事叫作《小蜗牛的微笑》，被人们广泛编成绘本、教材，用于教育孩子：

小鸟说："只要我醒着，我随时为朋友唱歌。"

大象说："只要我醒着，谁有干不动的活，我随叫随到。"

小兔说："只要我醒着，我乐意为任何一位朋友送信传达消息。"

大家都在想可以为朋友干点什么，小蜗牛好着急。它除了整天背着沉重的壳，在地上慢慢地爬以外，别的什么也干不了。

一天下午，一群蚂蚁正忙着搬东西。他们从小蜗牛身边走过时，小蜗牛正友好地向他们微笑。"小蜗牛，你的微笑真甜!"一只蚂蚁说。"对呀，我可以对朋友们微笑!"小蜗牛想，可一想又不对，"难道让朋友们放下手中的活，跑来看我微笑吗?"忽然，小蜗牛有了一个新想法。

第二天，小蜗牛把厚厚的一叠信交给小兔，让她给森林里的每一位朋友送去。朋友们拆开信，里面是一张画，画的是一只正在甜甜微笑的小蜗牛，画下还有一行字："当您觉得孤单或者不开心的时候，请记住您的朋友小蜗牛，正对着你微笑呢!"

"小蜗牛真了不起，他把微笑送给了整座森林!"朋友们都这样说。

这个故事能让孩子懂得人的能力有大小，只要尽心尽力了，就能给别人带来快乐，同时也给自己带来快乐。

《蝴蝶仙女的奥秘》

有个民间流传的神话故事《蝴蝶仙女的奥秘》，与《小蜗牛的微笑》有异曲同工之妙。

> 一个小女孩走过一片草地，看到一只蝴蝶被刺绊住了，她非常小心地帮助它解了围，蝴蝶飞走了。
>
> 不多一会儿，这只蝴蝶又飞了回来，变成了一个美丽的仙女，她对小女孩说："因为你很仁慈．我将帮助你实现你的最大愿望．"小女孩想了一下说："我想要快乐。"
>
> 仙女弯下腰来，在她耳边悄悄地说了几句话就又飞走了。
>
> 小女孩长大以后，生活得比谁都快乐。每当有人问她快乐的秘诀时，她只是嫣然一笑，神秘地说："因为我听了一位仙女的劝告。"
>
> 在她年老的时候，别人生怕仙女的劝告会随同老妇人一起逝去，他们央求老妇人说："请告诉我们仙女说了些什么吧。"那位老妇人笑了笑说："仙女告诉我，每个人都需要我，不论他们看上去是多么无忧无虑和富有安全感。"

每一个人都需要身边的人，需要相亲相爱，需要帮助别人和得到别人的帮助，这样，生活才会充满快乐。

给孩子一个快乐的童年

给孩子一个快乐的童年，这是每一个父母的心愿，也似乎已经成为了幼儿教育的一句响亮的口号。

什么是快乐的童年？

让成人描述快乐的童年，他们会这样说：

- 童年是梦中的真,是真中的梦,是回忆时含泪的微笑。
- 童年是人生最宝贵的一笔财富,童年的游戏更是难得的宝石,童年无论是贫穷的还是富有的,在日复一日的岁月里,它都会成为生命中最诱人的磁场。
- 童年是一张未曾描绘的白纸,可以任由自己随意涂鸦,画出心中的彩虹,画出心中的理想。
- 童年里什么事最有趣:考试得满分的惊喜;一句发自内心的夸奖;又或是成功的欣慰……
- 童年曾经做过许多傻事,至今想起时,还忍不住哈哈大笑。
- 童年,像一艘船,装满了玩具,装满了糖果,也装满了欢乐,叫人回味无穷。
- 童年有许多快乐的事,在外婆家奶奶家的一件件童年趣事浮现在我的脑海里,像沙漠中的沙子,数也数不清。
- ……

让成人描述童年的憾事,他们会这样说:

- 童年是一首忧郁的诗,赤诚却不明媚,美丽而不美好,有时甚至是羞于见人的,却让每个人流连忘返。
- 在我的童年时光里,充满了开心,也浸透了苦恼,谁说小孩子无忧无虑,我就有许多烦恼。
- ……

说童年是快乐的人,大多具有浪漫色彩。回不去的人和事,往往会让人觉得特别美好,对童年的评说更是如此。

童年,既有快乐,也有烦恼,这才是真实。

给予孩子一大堆美食、玩具,能给孩子带来快乐,但是不用多久,快乐可能就没有了。

让孩子自由去游戏，能给孩子带来快乐，但是玩着、玩着，玩不动了，快乐可能也就没有了。

那么，给予孩子什么才是真正的快乐？

快乐是精神上的一种愉悦，是心灵上的一种满足，是由内而外感受到的一种非常舒服的感觉。因此，快乐是主观的，是人的一种心理状态。正如德国哲学家康德所说："快乐是人的需求得到了满足。"

对于孩子而言，低层次的快乐，是生理、安全感的满足，中等层次的快乐是归属感和爱的满足，而较高层次的快乐是被人认同的满足。

给予孩子真正的快乐，就要让孩子感到自己是受人尊敬的，是与别人的关系融洽的，还要能热心地帮助别人，不管自己的能力有多大。

如若这样思考问题，就不难理解小蜗牛微笑的价值，也不难理解蝴蝶仙女给小女孩的悄悄话为什么会给她带来快乐。

给予孩子一个快乐的童年，不只是给予孩子吃的、穿的、用的、玩的，也不只是给予孩子无忧无虑的童年生活，更重要的是要满足孩子较高层次的心理需要，包括爱、尊重、获得成功等。

父母不同的角色

对待孩子的不同方式

有个孩子长大后，写了一篇题为《父亲的爱》的文章：

　　爹不懂得怎样表达爱，让我们一家人融洽相处的是我妈。爹只是每天上班下班，而妈则把我们做过的错事列出清单，然后由爹来责骂我们。

　　有一次我偷了一块糖果，爹要我把它送回去，告诉卖糖人说糖是我偷的，并说我替他拆箱卸货作为赔偿。但是妈却说我还只是个孩子。

　　我在运动场荡秋千摔坏了腿，是妈在送往医院的途中一直怀抱着我。爹把汽车停放在急诊室的门口，别人让他把车驶开，说那些车位是留给应急车辆停靠的。爹听了大声嚷道："你以为这是什么车？难道它是旅游车不成？"

　　在我的生日聚会上，爹总是显得有点不那么相称。他只是忙着吹气球，布置餐食，做家中的杂务。把插着蜡烛的蛋糕推过来让我吹的是我妈。

　　我翻阅照相簿时，别人总会问："你的爸爸长得什么模样？"天晓得，他老是只忙着给别人照相，妈和我笑容可掬地在一起拍的照片简直多得数不胜数。

　　我记得有一次妈让爹教我骑自行车。我叫爹别放开手，但他却说现在已经到了应该放手的时候了。我摔倒了，妈跑过来扶我，爹却挥手要她走开。我当时气极了，决心要给他一点颜色看，于是我马上又

　　骑上了自行车，而且不用他扶着。爹在一边只是微笑。……

　　我从小到大都听他说："你到哪里去？什么时候回家？不，不准去。"爹似乎完全不懂得应该怎样表达爱……

　　会不会是他已经表达了爱而我却未能察觉？

　　世界上每一个做父母的人，都以自己独特的方式对待自己的孩子。《父亲的爱》的撰文者在不排斥每个做父母的人存在个别差异的基础上，把父亲和母亲对待孩子的常有的方式描述得惟妙惟肖、入木三分。在许多情况下，母亲对待孩子的方式通常是细腻的、体贴入微的；相反，父亲的方式则往往是粗犷的、严厉的，不易察觉，但是深处却隐藏着深厚的舐犊之情。

互补的分工合作

　　正如新生命的产生是父母共同合作的结果一样，孩子的教育也应由父母双方共同合作才能十分理想地进行。这种合作，不应该是父母双方的相互替代，而应该是父母双方的相互补充。

　　母亲有着唯有母亲才能发挥的作用，它是父亲想替代也替代不了的，同样，父亲也有唯有父亲才具有的作用，母亲要去替代也是徒劳的。父母双方各自发挥对方所不具有的独特作用，这种合作才是完美无缺的。父母互补、配合默契的家庭最有利于培养出朝气蓬勃、身心健全的孩子。

　　理所当然，父亲也应该去做一些照料孩子的琐碎家事。在孩子来到人世以后，做父亲有责任也有义务给孩子喂奶、换尿布或洗衣服。但是，如果把父亲的作用仅仅看作是做这些事，那就错了。

　　《父亲的爱》一文中所描述的孩子，从小受到过父亲的责骂和训斥，赌着气在父亲的眼皮底下硬着头皮学骑自行车，在摔断腿时看到父亲为了送他上医院而与别人理论。所有这一切，都与他受伤后躺在母亲的怀里、在生日聚会上怀着感激的心情接过母亲递来的蛋糕、骑车摔倒时被母亲从地上扶起来等相互补充，缺少两者中的任何一方，对他的成长而言都会是一种缺憾。

　　有研究发现，母亲跟孩子玩的方式较为模式化，父亲则更倾向于带孩子玩剧烈的运动，比如摔跤、捉迷藏等。由此，父亲可以培养孩子性格上的乐观、理性和豁达，相对而言，母亲更能培养孩子细腻、感性的一面。

　　父爱如山，母爱如水，山中有水，水中有山，山水交相辉映才是人间最美的爱。

　　父母在教养孩子方面应该有所分工，这种分工，就如同山与水的交相辉映。

为人父母的自我修养

学习如何做父母

为人父母，不仅是责任和行动，更是自我修养的过程。

亲子关系是建立在血缘基础上的关系，是抚养和被抚养的关系，有与生俱来的"父子情深""母子连心"的情感关系，幼儿对于父母有强烈的"依恋关系"。

对待幼儿持不关爱的甚至冷漠的态度，就会引起幼儿的反感、厌恶、对立，甚至反抗，会加深亲子间的心理隔阂，会损害幼儿的身心健康，这样的父母是不道德的。

为人父母，在处理自己与幼儿之间的关系时，要自觉地表现出一系列的道德行为，诸如爱护婴幼儿，尊重婴幼儿，理解婴幼儿，耐心等待他们的成长，容忍他们的不足之处，满足他们的各种合理需要等，一旦发现自己的行为有悖于应有的道德准则，就要主动地调节自己的态度和行为。

其实，很多父母在处理自己与幼儿之间的关系时，常会下意识地表现出一系列不道德的行为，诸如对婴幼儿缺乏爱和尊重，将自己不合理的要求强加于婴幼儿；不能容忍他们的不足之处，将自己不良情绪发泄在他们身上；甚至以虐待或者变相虐待的方式对待他们。他们往往难以做到对自己的孩子坦诚相待，平等交流，积极沟通。"以尊重换取尊重"，这样做才符合为人父母的道德要求。

由此，为人父母者应该进行道德的自我修养、自我完善，提升自身的人文素养，使自己达到比较完美的状态。

道德的自我修养是指一个人按照时代、社会的道德规范和要求，经由学习、磨炼、涵养和陶冶，为提高自己的素质和能力而进行的自我教育和自我塑造的过程。简而言之，为人父母者的自我修养就是学习如何做父母。

不同的文化、不同的社会和不同的时代，道德的自我修养有不同的内涵。西方人的道德取向是以个人为本位的，而中国人的道德取向则是以家国为本位的。不同的价值取向使中西方的伦理体系和道德规范以及由此演绎的自我修养都具有不同的特点。例如，西方人的道德观念强调个人自由、权利、公正等，中国人的道德观念则强调对集体和个人的责任，因此，中国人的道德修养更注重的是人伦关系。

在做父母的过程中去自我修行

早在先秦时期，儒家学说就十分重视道德修养，以后经过历代思想家的继承、发扬和完善，逐渐形成了内容丰富的道德修养体系，把个人的道德修养与齐家、治国、平天下结合了起来，认为"物有本末、事有终始"，一切都要从修养个人的道德做起，只有修身，才能齐家，然后才能达到治国、平天下的目的。

孔子曾提出过"修己以敬""修己以安百姓"的理论，强调"内省"的修养功夫，他要求学生曾参每日"三省"，他最担忧的就是不重视自己的道德修养。

孟子也提出，"存其心，养其性"，就是说，修身首先要修心，修得良好的心态，是人生修养的基础。

到了明代，王阳明提出的一整套修身养性的理论和方法，"无善无恶是心之体，有善有恶是意之动，知善知恶是良知，为善去恶是格物"。说的是：心的本体是纯洁无邪、无善无恶的；有善有恶是习气所染，人的意念一旦产生，善恶也随之而来；良知是人能区分何为善、何为恶的能力，是道德与智慧的直觉，而知行合一是提高效率的法宝；"格物"，就是要"为善去恶"。

在道德修养的方法上，一个王阳明关于"省察克治"的故事，说明人要每时每刻思考和检查自己的思想、言行是否符合道德要求：

有一位地方官常去听王阳明的"心学"讲座，每次都有所收获。

一天，他很遗憾地对王阳明说："您讲得很精彩，可我不能抽出太多时间来修行。"王阳明接口道："我没有让你放弃工作来修行。"那官员似乎还不明白，王阳明接着说："心学不是悬空的，只有把它和实践相结合，才是它最好的归宿。我常说去世上磨炼就是这个道理。……良知只有自己知道而别人不知道。你必须认真省察克治，心中万不可有丝毫偏离而枉人是非，这就是致良知了。如果抛开事物去修行，反而处处落空，得不到心学的真谛。"那个官员恍然大悟，满意而归。

用王阳明的"心学"去思考"学习如何做父母"的问题，那就是"要在做父母的过程中去自我修行，省察克治，知行合一"。

见贤思齐焉，见不贤而内自省也

遵守社会公德、崇尚为人父母的伦理道德和守住做父母的道德底线，这是每个为人父母的人在道德修养中不可或缺的三个方面。

道德伦理无处不在，道德修养要强化自我净化、自我完善、自我革新、自我提高；要见贤思齐，处理好是与非、正与邪、苦与乐的关系；要心无旁骛，悉心处理好家庭中的各种关系。

所谓的"见贤思齐"出自《论语·里仁篇》："见贤思齐焉，见不贤而内自省也。"意思是，见到有德性的人就向他看齐，见到没有德性的人就反省自身的缺点。这是孔子"为己之学"（修身之学）的精要。

修身养德、趋善避恶特别重要。行善修德重在自觉，要去掉功利性目的，要为修德而修德。